COLLECTION SAINT-MICHEL

MÉMOIRES

D'UN

PROSCRIT

SOUVENIRS D'UN VOYAGE

EN BASSE NORMANDIE

PAR

Edouard de LALAING

PARIS

G. TEQUI, LIBRAIRE-ÉDITEUR

DE L'ŒUVRE DE SAINT-MICHEL.

6, RUE DE MÉZIÈRES, 6

1880

DERNIÈRES PUBLICATIONS
DE L'ŒUVRE SAINT-MICHEL

Bathilde, ou la Force des Faibles, par Yves DES FORGES, 2 vol. in-12............................ 3 »»

A vingt ans, la Question du Bonheur, par Mme E. D'AGUILLON, 1 vol. in-12............ 2 »»

Dommartin (le général) en Italie et en Égypte, ordres de service et correspondance, par A. DE BESANCENET, 1 vol. in-12................ 2 »»

Charitas, Épisode de la Réforme, par le docteur BINDER, traduit par J. DE ROCHAY, in-12. 2 »»

Coupe d'Or du Sultan Zizim (la), par Mlle Marthe LACHÈZE, 2 vol. in-12........... 3 »»

Cailloux rouges (les), par H. LANGLOIS, 1 vol. 2 »»

Ville aux sept Collines (la), esquisse de Rome et de ses monuments par l'abbé H. PIERRE, 2 vol. in-12.................................... 4 »»

Jeanne d'Arc (vie de), par E. de LABOULAYE, 1 vol. in-12, 2e édition...................... 1 50

Jenny-les-Bas-rouges, par A. DE BESANCENET, 1 vol. in-12........................... 2 »»

Massacres de Septembre (les), par MORTIMER-TERNAUX, 1 vol. in-12, 2e édition............ 2 »»

Écho de Saint Michel (l'), contes, nouvelles et voyages, par J. DE ROCHAY, 1 vol. in-12... 2 »»

Adrien Doizy, par Mmes Th. DUCLOS et B. D'ELLIMAC, 1 vol. in-12...................... 2 »»

Manuscrit d'Inès (le), par M. DE CAMPFRANC, 1 vol. in-12.................................. 2 »»

Souvenirs d'un vieux Zouave, par le capitaine BLANC, 2 vol. in-12, 2e édition......... 4 »»

Paris. — Imprimerie Saint-Michel. G. TÉQUI. — Apprentis de Saint-Nicolas, — 92, rue de Vaugirard.

MÉMOIRES D'UN PROSCRIT

Paris. — Imp. G. Téqui. 92, rue de Vaugirard.

COLLECTION SAINT-MICHEL

MÉMOIRES D'UN PROSCRIT

SOUVENIRS D'UN VOYAGE EN BASSE NORMANDIE

PAR

Édouard de Lalaing

PARIS
G. TÉQUI, LIBRAIRE-ÉDITEUR
DE L'ŒUVRE DE SAINT-MICHEL
6, RUE DE MÉZIÈRES, 6

1880

SOUVENIRS D'UN VOYAGE

EN BASSE NORMANDIE

INTRODUCTION AUX MÉMOIRES

D'UN PROSCRIT

C'était en plein cœur d'été, je venais de terminer un livre qui m'avait demandé plusieurs mois d'un travail assidu et j'éprouvais le besoin de me reposer un peu.

Ce n'était pas précisément le repos qu'il me fallait, mais le grand air, l'espace ; mon cabinet me semblait présentement trop étroit et j'aspirais à avoir mes coudées franches, au moins pendant quelques jours.

Me rappelant alors que je possédais en

Normandie un vieil ami d'enfance, je lui écrivis deux mots pour le prévenir de mon arrivée, et dès le lendemain je partais pour le pays des pommes, par la voiture d'Alençon.

En 1848, le chemin de fer de l'Ouest n'existait pas encore.

Monsieur Dary, chez qui je me rendais, venait tout récemment de résigner ses fonctions de greffier près le tribunal de Domfront et pendant la belle saison, il habitait à trois lieues au dela de cette ville, une propriété située en la commune de Mantilly.

Parti de Paris un vendredi soir, je fis mon entrée vingt-quatre heures plus tard dans l'ancienne résidence du sire de Mongommery, aujourd'hui, sous préfecture du département de l'Orne, et malgré le vif désir que j'éprouvais d'arriver promptement à destination, je dus passer la nuit à Domfront, la voiture du Teilleul, qui devait me déposer en passant à Mantilly, ne partant que le lendemain matin.

Quand je dis la voiture, je fais beaucoup d'honneur au véhicule antidiluvien qui m'attendait à la porte de l'hôtel de la poste.

Cette machine roulante était assurément la dernière de son espèce, et méritait de figurer dans le musée des antiques, comme un spécimen curieux des *Pataches* de nos pères.

Destinée à transporter une vingtaine de personnes, elle ne devait contenir, ce matin là, que deux voyageurs.

Il est vrai que c'était un dimanche et qu'en basse Normandie, on voyage fort peu le jour consacré au Seigneur.

J'avais donc pris place sur l'une des deux banquettes latérales et je remarquais avec un certain effroi, que j'allais forcément voyager de côté, quand, au moment où la voiture s'ébranlait, un individu, moitié paysan, moitié bourgeois, vint prendre place juste en face de moi.

— Chacun son banc, dit-il en s'asséyant, comme ça, nous ne serons pas gênés.

— Mais ça ne fera pas l'affaire du voiturier, dis-je à mon tour.

— Bah ! le père Danguy a du foin dans ses galoches, et une fois par hasard il peut bien se passer de pratiques.

— Ordinairement il a des voyageurs ?

— Presque toujours plus qu'il ne peut en emmener, et il ne se gêne pas pour empiler les gens les uns sur les autres, le vieux coquin, mais fort heureusement pour nous, le dimanche, il y a tant d'imbéciles à la messe...

— Ah ! vous trouvez que ceux qui vont à la messe sont des imbéciles ?

— Des imbéciles ou des crétins, c'est tout comme....

— Alors vous n'y allez jamais vous ?

— Je n'ai pas mis les pieds dans une église depuis ma première communion.

— Hé bien, moi, monsieur, si je n'arrive pas assez à temps pour assister à l'office divin, ce sera la première fois de ma vie, et à mon grand regret, que j'aurai manqué à ce devoir sacré auquel est astreint tout bon catholique ; maintenant que vous avez entendu ma profession de foi, rangez-moi si vous voulez dans la catégorie des crétins, au lieu de m'en formaliser, je m'en ferai gloire.

— Mais monsieur, reprit mon libre penseur d'un air passablement embarrassé, je n'ai pas dit cela pour vous offenser, car, après tout, chaque citoyen est libre, on connait *les Droits de l'homme*, et ce n'est pas un maire de la République....

— Vous êtes maire, dites-vous ?

— Maire de la commune de Mantilly, depuis un mois, en remplacement d'un monsieur de la Morinière qui exerçait ces fonctions depuis plus de vingt ans.

— Et qui probablement était incapable, tandis que vous....

— Oh ! moi j'ai tout de suite mis bon ordre à une foule d'abus que la République ne pouvait pas tolérer plus longtemps ; figurez-vous que ce la Morinière, qui mange le bon Dieu tous les dimanches, et reçoit à sa table la prêtraille, dépensait la plus grande partie des revenus de la commune à subvenir aux besoins d'un tas de fainéants des deux sexes, qui, sous prétexte qu'ils sont vieux et infirmes, se croisent les bras toute la journée.

— Est-ce que ce sont des vagabonds ?

— Non, des gens du pays... mais qu'importe.

— Alors vous les avez expulsés.

— J'étais bien résolu à m'en débarrasser,

mais vous ne savez pas ce qui est arrivé...

— Ils sont morts de faim, peut-être ?

— Pas du tout... L'ancien maire et son adjoint, monsieur de Gallery, un autre hypocrite, dont par parenthèse, le père *a tué un homme*, se sont cotisés pour fournir à eux deux les subsides que je me disposais à supprimer, de sorte que les paresseux que je voulais faire déguerpir continuent à habiter la commune où ils ont la prétention de mourir de vieillesse, grâce à la protection de ces deux aristocrates.

Les récriminations auxquelles venait de se livrer le nouveau maire de Mantilly me prouvaient suffisamment que j'avais affaire à un vilain monsieur, et je n'éprouvais nullement le besoin de continuer la conversation qu'il avait commencée le premier ; mais, ce qu'il venait d'avancer au sujet de monsieur de Gallery dont suivant lui, le père *avait tué un homme*, ne laissait pas que de m'intriguer un peu.

Monsieur de Gallery, qu'il traitait d'hypocrite, était l'ami intime de celui chez qui je me rendais, et ce dernier m'avait souvent parlé avec les plus grands éloges de l'ex-adjoint de Mantilly et sans jamais faire la moindre allusion à la tache dont un des membres de sa famille aurait eu à rougir.... M'avait-il caché la vérité ?

Après tout, me disais-je à part moi, on ne saurait être responsable d'un crime commis par un autre, et le fils *d'un meurtrier* peut être un parfait honnête homme.

Malgré ce raisonnement dont je cherchais à me persuader la justesse, l'idée que le père de monsieur de Gallery avait *tué son semblable*, assombrissait singulièrement le portrait que mon ami m'avait fait de son voisin de campagne.

J'étais depuis une heure plongé dans mes réflexions, quand mon compagnon de voyage impatienté, sans doute, du silence que je gardais, m'adressa de nouveau la parole.

— Allez-vous jusqu'au Teilleul, Monsieur ?
— Non, je m'arrête en route.
— A Passais, peut-être ?
— Non, à Mantilly.
— Vous y connaissez quelqu'un ?
— Oui, monsieur Dary.

— Monsieur Dary dé la Coupelière, le Greffier ?

— Précisément.

— Alors, vous allez faire un voyage inutile, et si vous m'aviez dit plus tôt chez qui vous alliez...

— Comment est-ce que monsieur Dary ?...

— Il est parti hier matin et pour plusieurs jours avec le président du tribunal.

— Je croyais mon ami démissionnaire.

— En effet, il a cédé, depuis peu, sa place à un autre, sous prétexte que le nouveau gouvernement n'a pas ses sympathies..., le vieux Chouan, et c'est par déférence pour son ancien président, qui ne vaut pas mieux que lui, qu'il a consenti, vu l'urgence, à remplacer momentanément son successeur absent pour cause de maladie.

Je ne suis pas très patient de ma nature; aussi en entendant ce malotru traiter si grossièrement des gens respectables, l'envie me prit de lui sauter à la gorge et de lui administrer une bonne correction; rien n'eût été plus facile, nous étions seuls en tête-à-tête, et je me sentais plus fort que lui, mais j'eus la sagesse de me contenir, et je me contentai de lui tourner le dos, pour lui faire comprendre le profond mépris que m'inspiraient ses méchants propos.

Cependant nous avions dépassé le bourg de Passais, et nous approchions de Mantilly; j'avais mis la tête à la fenêtre, et j'admirais le gracieux paysage qui se déroulait lentement devant mes yeux.

Rien de pittoresque, à mon avis, comme la campagne aux environs de Domfront; on n'est pas encore en Bretagne et on se croirait déjà en plein boccage; la route constamment bordée de haies vives et d'arbres de toutes essences ressemble à une large allée tracée dans un vaste jardin; de tous côtés de la verdure, des genêts, des ajoncs en fleur et le revers des fossés qui séparent chaque propriété est partout semé de digitales roses et de touffes de primevères sauvages, dites, je ne sais pas trop pourquoi, *fleurs à la fièvre.*

J'avais déjà remarqué, dans le trajet d'Alençon à Domfront, la plantureuse végétation des prairies, la richesse des moissons, les innombrables pommiers, dont les guérets sont parsemés, mais le spectacle que j'avais en ce moment sous les yeux était tout nouveau pour moi.

La veille, les champs se trouvaient remplis de travailleurs, les chemins étaient sillonnés par de nombreux chariots, partout du mouvement, de l'activité.

Quelle différence le lendemain ! La solitude, le silence, aucun bruit ne venait troubler le calme de la nature.

C'est que cette fois, je voyageais le dimanche, et dans la contrée que je parcourais, ceux qui sont appelés à récolter les produits du sol, que pendant six jours de la semaine, ils arrosent de leurs sueurs, éprouvent le besoin de consacrer le septième à adresser au Ciel des actions de grâce, au sujet des biens de la terre dont il est pour eux si prodigue.

Peu leur importe l'opinion des libres penseurs qui tournent leur croyances en ridicule, leur pasteur a dit du haut de la chaire :

« *Le dimanche tu garderas en servant Dieu dévotement.* » Cela leur suffit, ils se conforment à la loi divine, et le soir ils s'endorment la conscience tranquille.

Midi sonnait à l'église de Mantilly quand j'aperçus les premières maisons du bourg; la grand'messe venait de finir, et la place que nous avions à traverser pour gagner l'auberge devant laquelle s'arrêtait la voiture, était pleine de monde.

[L'air de béatitude, de contentement intérieur répandu sur ces bonnes figures de paysans bas normands, faisait plaisir à voir; on comprenait qu'on devait se trouver heureux au milieu de pareils gens.

Ce n'était probablement pas l'opinion de monsieur le maire, car en me tournant de son côté pour sortir de la *patache*, je crus deviner au froncement de ses sourcils et à ses haussements d'épaules, qu'il n'était pas aussi édifié que moi, de l'empressement de ses administrés à observer les commandements de l'Eglise.

Je venais de payer ma place, et je me disposais à déposer mon bagage dans l'auberge du père Duthaut où je comptais déjeuner, quand un monsieur d'un certain âge, dont je fis tout d'abord un gentilhomme campagnard, m'aborda de l'air le plus affable, et dit en désignant la valise que je tenais encore à la main.

— Vous arrivez de Paris, monsieur ?

— En droite ligne, monsieur.

— Et vous êtes monsieur de Villiers, l'ami de M. Dary.

— En effet, mais comment savez-vous ?

— Il m'a donné votre signalement, ajouta en souriant le vieux monsieur, et comme, à son grand regret, il a été forcé de s'absenter pour quelques jours.....

— Je viens de l'apprendre en route.

— Il m'a chargé, en attendant son retour de vous faire les honneurs de la localité.

— Mais monsieur...

— Les amis de nos amis sont nos amis, et vous accepterez sans façon, je l'espère, la franche hospitalité que je serai heureux de vous offrir à sa place.

— Monsieur, dis-je, en m'inclinant, je suis vraiment confus de tant de bonté, mais avant tout, à qui ai-je l'honneur de parler ?

— Monsieur de Gallery.

— Monsieur de Gallery ! m'écriai-je, en reculant involontairement d'un pas, et j'allais ajouter peut-être.... Celui dont *le père a tué un homme,* quand heureusement je m'arrêtai à temps et me contentai de faire un profond salut.

— Ainsi, voilà qui est convenu, reprit monsieur de Gallery, prenant mon silence pour un acquiescement : « Je vais envoyer prendre vos bagages par mon domestique. »

— Permettez, monsieur, me hatai-je de répondre, puisque monsieur Dary n'est pas à la Coupelière, je vais repartir immédiatement pour Paris.

— « Pas à pied, je suppose, et comme le voiturier, qui vous a amené, ne repassera par ici que ce soir, vous auriez mauvaise grâce à refuser un déjeuner, qui a été préparé à votre intention. »

Puis, remarquant mon hésitation.

—Octavie ! s'écria monsieur de Gallery, en s'adressant à une jeune femme qui traversait, à ce moment, la place de l'Eglise.

— Octavie, ma fille, viens donc décider monsieur de Villiers à nous accompagner au manoir, tu seras peut-être plus heureuse que moi.

Mademoiselle de Gallery pouvait avoir à cette époque, 34 ou 35 ans. Depuis longtemps elle avait renoncé au mariage, mais pour avoir le droit de se faire appeler madame, elle s'était fait recevoir chanoinesse.

Portrait vivant de son père, qui dans sa jeunesse avait dû être un fort joli garçon, elle avait les traits d'une régularité parfaite, mais la gravité de sa physionomie était tempérée par un doux sourire qui errait sans cesse sur ses lèvres.

Elle n'avait pas ouvert la bouche, que fasciné par son regard plein d'expression, j'étais déjà à moitié subjugué.

— On dit les parisiens très galants, me dit-elle en rougissant légèrement. « Monsieur de Villiers, j'en suis certaine, ne voudra pas nuire à la bonne opinion que nous avons ici de ses compatriotes. »

—Assurément, mademoiselle, fis-je, en balbutiant, je suis, on ne peut plus flatté de l'aimable invitation de monsieur votre père, de monsieur votre père que.... de monsieur votre père qui.... car après tout, il a l'air si respectable.

Qu'il serait injuste de refuser son déjeuner, n'est-ce pas?

— Allons, allons, je vois que nous sommes enfin d'acord, reprit à son tour monsieur de Gallery, monsieur de Villiers, offrez votre bras à madame ma fille, et ne faisons pas attendre plus longtemps le rôti qui finirait par s'impatienter à la broche.

L'amabilité de mes hôtes venait enfin de triompher de mes scrupules, et la répugnance que j'avais d'abord éprouvée de m'asseoir à la table du fils *d'un meurtrier*, était presque entièrement dissipée ; la douce sérénité empreinte sur la figure du chef de la famille me prouvait suffisamment qu'il n'avait pas hérité des *mauvais instincts* de sa race ; d'ailleurs, la présence du digne curé de la paroisse, qui était venu partager le déjeuner du manoir, rassurait ma conscience par trop ombrageuse.

Le repas, qui se prolongea j'usqu'à l'heure des vêpres, me fournit l'occasion de faire connaissance avec la maîtresse du logis qui m'avait placé à sa droite.

Madame de Gallery était bien la meilleure

femme du monde; simple et d'une naïveté sans pareille, alerte et toujours remuante, malgré ses soixante-dix ans, sa seule préoccupation, ce jour là, était la crainte que son déjeuner ne fût trouvé insuffisant; cependant le nombre de plats qui nous furent successivement servis, était, je dois en convenir, fort respectable.

Néanmoins, la bonne dame s'agitait continuellement sur sa chaise.

— N'avoir que trois broches à vous offrir, me répétait-elle à chaque instant... Que trois broches, mon cher monsieur, quelle idée allez-vous concevoir des pauvres provinciaux?

— Mais, qu'ils font tout leur possible pour donner des indigestions à leurs convives.

Ce fut tout ce que je pus trouver de plus spirituel à lui répondre; il est vrai que depuis un moment une remarque que je venais de faire m'avait horriblement troublé.

Assis presqu'en face du maître de la maison, je ne pouvais plus détacher mes yeux d'une tache brune et sanguinolente apparue peu à peu, juste au milieu de son front.

L'impression que produisait sur moi la vue de ce stigmate, à mon sens, significatif, me bouleversa à un tel point, qu'une pâleur mortelle se répandit bientôt sur mon visage.

Mademoiselle de Gallery s'aperçut, la première, de mon malaise et elle m'engagea à sortir un instant de table pour aller prendre l'air dans le jardin.

Je n'avais pas fait dix pas dehors quand je fus rejoint par monsieur le curé.

—Je suis un peu médecin, me dit-il, en m'abordant, et je viens vous offrir mes services.

Mon premier mouvement fut d'entraîner le vénérable prêtre au fond d'une allée solitaire et là, certain de n'être entendu de personne, je lui adressai, sans préambule, cette question qui me brûlait les lèvres.

—Est-il vrai que le père de monsieur de Gallery ait *tué un homme*, et que la tache qu'il porte au front . . . . .

Le pasteur pris ainsi à l'improviste, garda quelques instants le silence; puis enfin, il me demanda d'une voix grave de qui je tenais un pareil propos, et dès que je lui eus dépeint l'individu avec lequel j'avais voyagé le matin.

Il n'y a, dit-il, qu'un seul homme dans le pays capable de répandre un tel bruit, c'est le maire de la commune.

— Mais la vérité m'écriai-je..... la vérité ?

— Elle est consignée, dans un manuscrit, qui, grâce à Dieu, se trouve présentement entre mes mains ; venez après les vêpres me trouver au presbytère, et vous en prendrez connaissance ; jusque là, croyez en la parole d'un prêtre ; le passé de la famille de Gallery est irréprochable, et si l'un de ses descendants se trouve porter au front une cicatrice, il peut sans rougir en avouer l'origine.

Monsièur Alexis de Gallery a été blessé à la tête, en traversant les flammes pour sauver un pauvre enfant, qui sans son dévouement allait périr dans un incendie.

Monsienr le curé tint sa promesse, le soir même il me remit le manuscrit en question, dont j'eus plus tard l'autorisation de prendre copie ; ce manuscrit contenait les mémoires du père de mon hôte et je passai la nuit entière à les parcourir.

MÉMOIRES D'UN PROSCRIT

CHAPITRE I

Une fortune indépendante, des amis dévoués et d'excellentes relations de voisinage me faisaient jouir d'une existence heureuse quand éclata tout à coup la funeste Révolution de 89.

Descendant d'une noble famille, originaire de Normandie, j'habitais, depuis mon enfance, le manoir de Mantilly que je tenais de mon père.

Je pratiquais ma religion, j'étais ennemi du désordre, c'en fut assez pour être signalé par certains meneurs envieux et jaloux, comme un dangereux ennemi du peuple.

Cependant, l'obscurité dont je m'entourais, la solitude dans laquelle je me plaisais à vivre, me dérobèrent pendant quelques temps aux persécutions auxquelles étaient exposés la noblesse et tous ceux qui passaient pour posséder des richesses.

Mais hélas, ma tranquillité ne devait pas être de longue durée, car la tyrannie des Jacobins ne connaissait plus de bornes, et des ordres venus de Paris jetèrent l'effroi jusqu'au fond de nos campagnes, ordinairement si paisibles.

Les incarcérations se multipliant de tous côtés. J'appris un jour que je venais d'être dénoncé comme suspect, et que, très probablement, j'allais être arrêté.

Toutes mes connaissances me conseillèrent de fuir au plus vite : et la veille du jour où l'on devait s'emparer de ma personne, je remis à la hâte toutes les valeurs que j'avais chez moi, à une personne de confiance, et je quittai précipitamment le manoir sans même savoir où j'irais me réfugier.

N'osant me fier à personne, pas même à mes domestiques, qui fréquentaient secrètement les clubs de la localité et auraient sans doute été les premiers à me trahir; j'eus d'abord l'idée de gagner les bords de la mer et d'attendre, caché dans les rochers qui entourent la plage, l'occasion de passer en Angleterre sur la barque de quelque pêcheur; mais l'exécution de ce projet offrait mille difficultés.

D'abord, la route de Granville était sillonnée en tous sens par les gendarmes lancés à la poursuite des aristocrates et il ne fallait pas penser à voyager à travers champs, vu le morcellement infini des propriétés entourées de haies presque toutes infranchissables.

En proie à la plus désolante irrésolution, je cherchais en vain dans ma tête le parti que je devais prendre, quand, tout à coup, je crus avoir trouvé un moyen de salut.

J'avais marié une fille élevée dans la maison de mon père à un maréchal ferrant qui habitait une chaumière isolée près de l'étang de Morette.

Quoique l'épouse de cet homme fût morte

depuis deux ans, je ne pouvais croire qu'il eût oublié que j'avais doté sa femme et que j'étais l'auteur du bien-être dont jouissait sa famille, car il avait deux enfants, une fille et un petit garçon, dont, par parenthèse, j'étais le parrain.

Je résolus donc de m'adresser à lui pour savoir s'il pourrait me cacher et me soustraire aux poursuites de mes ennemis ; sa demeure éloignée de toute habitation semblait devoir m'offrir un refuge assuré !

Quand la nuit fut venue, je parvins à gagner l'étang sans avoir été vu de personne ; mais le maréchal ferrant était absent et je ne trouvai au logis que ses deux enfants.

Yvonne, c'est le non de la fillette m'apprit que son père était allé jusqu'à Mortain, et que très probablement il ne rentrerait qu'au milieu de la nuit.

— N'importe, dis-je en m'asseyant sur la forge à défaut d'autre siège, « j'attendrai son retour. »

L'air consterné qui se peignit alors sur la figure des deux enfants attira mon attention, et je leur demandai si ma présence les gênait.

Je dois dire que du vivant de leur mère, le frère et la sœur venaient fréquemment me voir, mais depuis quelques mois, ils ne paraissaient plus au manoir, et j'avais attribué la rareté de leurs visites aux troubles du moment.

— Vous, nous gêner ! s'écria George, mon filleul ..... bien au contraire, n'est-ce pas, ma sœur ?

— Assurément, Monsieur, nous sommes bien heureux de vous voir chez nous, mais c'est que...

— Quand papa rentrera, ajouta le petit garçon... le pauvre enfant balbutia encore quelques mots que je n'entendis pas bien et vint se jeter en pleurant dans mes bras.

— Hé quoi ! mes petits amis, leur demandai-je. — Votre père me verrait-il avec peine dans sa maison ?

Pour toute réponse, Yvonne se mit a pleurer à son tour, tandis que je ne pus obtenir de son frère que des phrases sans suite qui me donnèrent cependant à entendre que le maréchal ferrant s'était expliqué sur mon compte de manière à faire croire qu'au lieu de m'offrir un asile ou de favoriser ma fuite, il se ferait un devoir de me livrer.

Cette découverte m'atterra et je portai les mains à mon front comme un homme saisi d'un violent désespoir.

Alors le frère et la sœur m'accablèrent de caresses, cherchant à me consoler, m'appelant à l'envi, leur bienfaiteur, leur bon maître.

Ce fut alors que je me décidai à leur apprendre les dangers que je courais.

— Oh! les méchants, s'écria George, après m'avoir écouté en silence. Comment faire hélas!? Je n'ai que dix ans et je ne serais pas assez fort pour vous défendre; mais je marche comme un homme, et je suis capable de vous servir de guide... où voulez-vous aller, mon parrain?

— Je n'en sais vraiment rien, mon cher enfant, je ne ferais pas une lieue sur la route sans être reconnu et arrêté, j'en suis donc réduit à chercher quelque trou où je puisse me cacher.

— Hé bien! s'écria George, pourquoi ne gagnerions-nous pas, cette nuit, les ruines de l'abbaye de Savigny? Il y a là-bas des cachettes où bien certainement on n'ira pas vous chercher.

Cette idée, qui m'était suggérée, de chercher un refuge au milieu des ruines de l'abbaye ne me choqua nullement, mais je fis observer au petit garçon, que si j'étais forcé d'y séjourner, je courrais risque de mourir de faim.

—Ne craignez rien, me répondit-il, il ne se passe pas de jour sans que j'aille ramasser du bois, de l'herbe ou des feuilles mortes et je trouverai bien moyen de me glisser jusqu'à la Lande, pour vous porter des provisions.

La candeur avec laquelle l'enfant me parlait m'émut au suprême degré, je considérai l'expédient qu'il me suggérait comme un avis du ciel et je remis mon sort entre ses mains.

Nous partîmes donc immédiatement et une heure plus tard, après avoir franchi maints fossés, et escaladé de nombreux echaliers, nous atteignîmes les ruines au milieu desquelles George me désigna, tout joyeux, la retraite qu'il m'avait choisie.

CHAPITRE II

J'avoue qu'en premier abord, je ne partageai pas la joie de mon filleul ; l'endroit près duquel il m'avait conduit était une espèce de caveau qui, jusqu'à ce moment avait échappé au bouleversement du vieil édifice.

— Vous serez en sûreté ici, me dit-il, en m'aidant à gravir un amas de décombres, je ferai vos commissions et je pourrai même aller jusqu'au bourg, afin de vous informer de ce qui se passera ; mais j'y pense, ajouta le généreux enfant, il vous faut un lit, et sans perdre de temps, il alla couper, dans la lande, une brassée de genêts, l'étendit dans un coin du caveau et la couvrit de feuilles sèches.

Il m'improvisa ainsi une couche des plus primitives, mais assurément meilleure que je n'aurais pu l'espérer.

— Soyez tranquille, mon parrain, me dit-il ensuite, en prenant congé de moi, à chaque voyage, j'apporterai quelque chose et petit à petit, je garnirai votre chambre.

— Dieu me préserve de rester longtemps dans ce vilain trou, me disais-je, en moi-même, Hélas je ne prévoyais pas le sort qui m'était réservé.

Dès que je me trouvai seul, je m'empressai de masquer l'entrée du caveau au moyen de quelques grosses pierres et des branches entrelacées, puis après avoir pris cette précaution, je me jetai à genoux et j'adressai à Dieu une fervente prière, le suppliant de me prendre en pitié; je m'étendis ensuite sur mon lit espérant trouver dans le sommeil l'oubli momentané de ma triste position, mais pendant cette première nuit il me fut impossible de dormir et je m'abandonnai jusqu'au jour aux plus sombres réflexions !

Que de maux j'allais avoir à endurer pour conserver mes jours... en vérité n'était-ce pas les payer trop cher.

Pour éviter une captivité dangereuse pour ma vie je me condamnais moi-même à une réclusion plus rigoureuse peut-être... des verrous, il est vrai, ne me retenaient pas dans ma prison, mais la crainte m'enchaînait dans un repaire plus affreux que le plus noir cachot.

Les heures me paraissaient si longues que je n'eus pas la patience de rester couché, d'ailleurs, le jour commençait à poindre et j'avais hâte de reconnaître les lieux.

Ma retraite, dont pendant la nuit il ne m'avais pas été possible de mesurer l'étendue, était une pièce assez vaste, mais comme toutes les caves, construite en contre-bas du sol.

Elle eût été habitable cependant, sans le grave inconvénient que j'eus bientôt à constater.

CHAPITRE III

Il avait fait depuis quelques jours un temps magnifique, mais pendant la nuit le ciel s'était couvert de nuages et dès le matin il commença à pleuvoir très fort ; cela ne m'avait d'abord inquiété qu'à cause de George qui m'avait dit, la veille, en me quittant, je reviendrai demain, mais par un temps pareil, son père le laisserait-il sortir ? et je l'attendais avec l'impatience de l'homme qui espère le seul être qui s'intéresse à lui sur la terre.

Quand un peu plus tard, je vis la pluie tomber à torrents, je désespérai de voir ce jour là mon filleul ; cependant j'écoutais toujours si je ne l'entendais pas venir, quand je m'aperçus avec effroi que l'eau faisait irruption dans ma retraite, déjà même elle m'arrivait jusqu'aux chevilles et j'allais bientôt être contraint de déloger.

Mais où aller, grand Dieu, par un temps pareil ? Ce sombre caveau qui m'avait paru si triste me devenait maintenant précieux, mais pour pouvoir y séjourner plus longtemps, il allait falloir le disputer à l'ennemi qui voulait m'en chasser. J'allais donc essayer d'opposer une digue à l'inondation qui me menaçait, quand je découvris que je courais un double danger.

La voûte de mon caveau, impénétrable à la lumière, ne l'était pas à l'humidité ; de vingt fissures, invisibles à l'œil, commençaient à couler des filets d'eau qui, joints au ruisseau venant du dehors, devaient bientôt me submerger.

Un instant j'eus l'idée d'abandonner la place, mais je réfléchis que le petit George pouvait encore venir et qu'il ne saurait où me trouver ; je m'exposais donc, en m'éloignant, à perdre jusqu'à l'espoir des secours que j'en attendais.

Cependant l'eau montait toujours et j'en avais maintenant jusqu'à mi-jambes.

Un seul moyen me restait, c'était de gagner du temps en exhaussant le sol du caveau.

Comme il était composé de grosses pierres que les éboulements y avaient jetées, je commençai à rouler celles que je pus remuer vers l'endroit le moins profond, et bientôt je parvins à élever, de deux pieds environ, un massif assez large pour pouvoir m'y réfugier momentanément.

J'en étais à me demander si la pluie cesserait de tomber avant que l'inondation envahît l'endroit où je venais de m'établir, quand en plongeant mon bras dans l'eau pour rattraper un objet que j'avais laissé tomber, je saisis par hasard et je tirai à moi les branches de genêts formant le dessous du lit que George m'avait construit, la veille.

Quel fut mon étonnement d'entendre soudain un bruit semblable à celui d'un torrent qui s'engouffre.

Je me penchai pour écouter. Le bruit continuait toujours, et je ne fus pas longtemps à en deviner la cause ; car en quelques minutes, l'eau qui remplissait le caveau se trouva complétement épuisée.

En plaçant mon lit en cet endroit nous avions bouché l'orifice d'un égout communiquant avec un énorme puisard.

Soulagé d'une cruelle inquiétude, je retombai bientôt dans une autre non moins vive, car le sable qui se détachait de temps en temps de la voûte me donnait lieu de craindre que les eaux en filtrant entre les pierres ne les fissent écrouler sur ma tête.

Bientôt néanmoins la fatigue du travail auquel je venais de me livrer et peut-être le manque de nourriture, me causèrent une telle faiblesse que malgré mes sinistres préoccupations je finis par succomber au sommeil.

CHAPITRE IV

Je reposais donc depuis quelques instants quand un bruit de pierres qui roulaient les unes sur les autres me réveilla en sursaut.

Mon premier mouvement avait été de m'élancer vers l'entrée du caveau, mais bientôt ma frayeur se changea en une immense joie, c'était George, mon filleul, qui, en traversant les décombres, avait fait le bruit que je venais d'entendre.

Le pauvre enfant était mouillé jusqu'aux os et portait au bras un lourd panier rempli de provisions.

— Comment, lui dis-je, en l'embrassant, as-tu pu venir par un temps semblable ?

— Mais, mon parrain, me répondit-il, si je n'étais pas venu, vous vous seriez donc passé de déjeuner ?

Et comme je cherchais à lui faire comprendre qu'il m'était difficile de rester plus longtemps dans le trou où j'avais failli périr asphyxié.

— Mais, me dit-t-il, vous ne trouverez nulle part une aussi bonne cachette. — Si vous saviez ce qui est arrivé ?

— Qu'est-il arrivé de si inquiétant ?

— On est déjà venu, ce matin, chez nous pour savoir si vous n'y étiez pas, et puis.....

— Et puis, achève, mon petit Georges, car je m'attends à tout.

— Les vilains hommes ont dit que s'ils vous trouvaient.... ils vous feraient couper la tête.

— Crois-tu que je sois bien en sûreté dans ces ruines ?

— Oh oui, mon parrain… de tout l'hiver, il n'y viendra personne.

— Mais, tes excursions journalières ?

— On saura se défier.

— Aujourd'hui, par exemple, qu'il fait si mauvais temps, ton absence paraîtra sans doute extraordinaire.

— Il n'y a pas de danger, allez, quand j'ai vu la pluie, j'ai égaré exprès notre chèvre et mon père m'a dit en me mettant à la porte de la maison : « Ne rentre pas, petit drôle, que tu ne l'aies retrouvée ». Je peux donc rester dehors aussi longtemps que je voudrai, car je sais où prendre la jeanne, à mon retour….. mais nous restons là à ne rien faire et vous devez avoir faim…..

En disant cela George vidait son panier et déposait sur une pierre tout ce qu'il contenait, du pain, du fromage et des fruits ; de plus, il m'apportait une petite hache, un briquet, de l'amadou, et des allumettes.

Etait-ce assez d'attention et de prévoyance !

— J'ai pensé, me dit mon filleul, que vous pourriez avoir froid, il fait si humide ici, voilà de quoi vous aider à faire du feu, et dans la lande il ne manque pas de broussailles dont je vous ferai des fagots ; demain je vous apporterai une couverture.

— Mais si on venait a s'apercevoir ?.

— Ne vous inquiétez pas de cela, ma sœur Yvonne, vous aime autant que moi, c'est elle qui s'occupe du ménage, elle me laissera prendre tout ce que je voudrai sans rien dire à personne.

— Bons enfants, excellents cœurs.

— Je compte même remplacer bientôt votre mauvais lit de feuilles par un bon matelas.

— Mais, George, m'écriai-je, tu veux donc sérieusement que je reste longtemps ici ?

— Oh ! mon Dieu, me répondit-il, en cherchant vainement à retenir ses larmes, je ne veux rien, moi... mais eux, pensez donc qu'ils vous cherchent pour vous faire mourir.....

Les discours les plus éloquents ne m'auraient certes pas persuadé que ma triste position était supportable, tandis que cet enfant, par la simplicité de son langage, par les naïves consolations qu'il me prodiguait, parvint à en dissiper l'horreur et à me faire entrevoir que, grâce à ses bons soins, je pourrais supporter cette pénible existence.

Le jour commençait à baisser quand j'engageai George à me quitter, mais il n'y consentit qu'après m'avoir fait promettre de ne pas m'attrister et m'avoir assuré qu'il reviendrait, le lendemain.

CHAPITRE V

Quand je fus seul, je songeai à tirer le meilleur parti possible des lieux où j'étais forcé de séjourner et comme la pluie avait cessé, je me hasardai à sortir de mon trou pour explorer les ruines qui m'environnaient.

Les ajoncs et les genêts avaient poussé en abondance dans les interstices des décombres et ils formaient un épais rideau qui masquait en partie l'emplacement des anciennes constructions ; de sorte que je n'aurais pu que trés difficilement être aperçu de la grande route.

Un peu en arrière de l'endroit où j'avais passé la nuit s'élevaient deux énormes pans de muraille, c'était les restes de la haute tour carrée que surmontait autrefois le clocher de l'Abbaye.

Je me glissai en rampant derrière cette espèce d'abri, dans l'intention d'y allumer un peu de feu pour faire sécher mes bas et mes chaussures imbibées d'eau.

C'était, j'en conviens aujourd'hui, une grande imprudence ; mais il m'était absolument interdit de faire du feu dans le caveau, car je n'avais à ma disposition que des branchages humides et c'eût été le moyen de m'enfumer comme un renard. Après avoir longuement examiné la position, je me décidai à établir mon foyer dans l'angle de cette tour carrée, en partie restée debout.

J'employai plus d'une demi-heure à couper avec ma hache quelques petits sapins qui se trouvaient à ma portée, à casser des branches, à les entasser l'une sur l'autre, à élever enfin un rempart de pierres pour masquer la du côté où les murailles entièrement renversées ne pouvaient pas la dissimuler.

Quand tout fut prêt je me mis à battre le briquet, mais ce fut d'abord sans résultats; mon amadou éventé, sans doute, ne voulait pas prendre, et lorsqu'enfin, après plusieurs efforts infructueux, je fus parvenu à y fixer une étincelle, ce fut le tour des allumettes qui se ressentaient également de l'humidité de l'atmosphère.

J'avais beau les approcher l'une après l'autre du point en combustion, je n'en pouvais obtenir aucune flamme, le souffre se contentait de jeter une petite lueur bleuâtre et il s'éteignait immédiatement.

J'ai eu dans ma vie bien des déceptions; aucune ne peut être comparée à celle que j'éprouvais en ce moment, je mourais de froid, j'avais devant moi une brassée de bois qui ne demandait qu'à flamber, et j'allais être privé de la bienfaisante chaleur qui m'était si nécessaire.... Faute d'allumettes.

Il m'en restait, il est vrai, encore une, mais, comme les autres, n'allait-elle pas m'être inutile ?

Le bon Dieu eut pitié de son indigne créature, et il ne permit pas qu'elle fût mise à une si rude épreuve; ma dernière allumette s'enflamma comme par miracle, et bientôt je pus m'étendre avec délices devant un brasier ardent.

Malheureusement je n'en jouis pas longtemps, car un vent violent s'éleva dans la soirée.

J'en étais un peu garanti par les pans de murailles derrière lesquels je me tenais blotti, mais bientôt l'ouragan redoubla de violence, et à ntel point que les ruines en furent ébranlées.

Quelques débris de pierre tombés près de moi attirèrent alors mon attention, mais, trop heureux de pouvoir me réchauffer, j'hésitais encore à abandonner la place, lorsqu'un fragment de corniche vint rouler à mes pieds.

Commençant alors à concevoir de l'inquiétude, je me levais pour m'assurer d'où venait le danger, quand tout à coup, sous l'effort du vent qui soufflait avec rage, un sinistre craquement se fit entendre et sans chercher à me rendre compte de l'ébranlement qui venait de se produire, je courus me réfugier dans mon caveau, espérant m'y trouver plus en sûreté que dehors.

Il était temps, car, une minute plus tard, un énorme pan de mur se détacha de sa base et s'écroula avec un épouvantable fracas, écrasant sous son poids l'ouverture de ma retraite qui se trouva entièrement obstruée.

Cette affreuse secousse me fit craindre d'être tout à fait enseveli.

L'obscurité m'enveloppait et ce fut à tâtons que je fis le tour de ma prison pour retrouver la place où devait être la porte ; mais ce fut en vain que je cherchai une issue ; mes mains ne rencontrèrent que des pierres ; je me trouvais enfermé dans un véritable sépulcre.

Cependant ma prison pouvait ne pas être entièrement murée, et tant que dura la nuit, je conservai l'espérance qu'au lever du soleil quelques rayons lumineux viendraient me rassurer et me prouver que je n'étais pas complétement enterré.

Mon attente fut vaine, de longues heures s'écoulèrent et les ténèbres continuèrent à m'envelopper.

Cependant, au calcul auquel se livrait mon impatience, il devait faire grand jour depuis plusieurs heures.

Quelques fois, je croyais entrevoir un peu de clarté, je m'approchais vivement de la muraille et je ne voyais plus rien, c'était à en devenir fou, aussi je me sentais envahi par un profond découragement.

CHAPITRE VI

Enfin, grâce au ciel, après une mortelle attente, un coin de mon tombeau s'éclaira peu à peu ; mais ce n'était pas du côté où je cherchais en vain la lumière ; le jour pénétrait faiblement et comme à regret par un étroit soupirail que je n'avais pas remarqué la veille.

Cette ouverture pouvait avoir de huit à dix pouces de haut sur quatre à cinq de large.

Percée dans un mur d'une épaisseur énorme, elle donnait sur une douve assez profonde mais dont le bord opposé était si bas que la vue s'étendait jusqu'à l'extrémité de la lande.

Le temps était magnifique et le soleil brillait de tout son éclat.

Je retournai alors du côté où avait existé l'entrée du caveau, mais, après avoir essayé vainement de me frayer un passage à travers les décombres amoncelés en cet endroit, je perdis tout espoir de salut.

Ce fut dans ce moment suprême, que je compris combien la religion est utile à l'homme. Un athée se fut abandonné au désespoir, le chrétien éleva son âme à Dieu, pour lui demander la résignation dont il avait besoin et le Seigneur entendit sa prière.

Après avoir payé à la nature le tribut d'effroi qu'elle arrache toujours à l'homme quand le calice d'amertume s'approche de ses lèvres, je prononçai du fond de mon cœur les paroles du Christ au jardin des oliviers. *Seigneur, Seigneur, que votre volonté soit faite.*

J'avais donc fait le sacrifice de ma vie, lorsque je crus entendre qu'on appelait du dehors..... Je prêtai l'oreille et bientôt je reconnus la voix de George. Ayant enfoncé ma tête le plus possible dans l'ouverture qui donnait sur la douve, je me mis à appeler à mon tour de toutes mes forces.

L'enfant ne tarda pas à me répondre et, guidé par les cris désespérés que je ne cessais de pousser, il fut bientôt dans le fossé et en grimpant sur un amas de pierres, il parvint à la hauteur du soupirail.

— C'est donc bien vous, s'écria-t-il, grâce au ciel, vous n'êtes pas mort, mais quel bouleversement !

— Mon Cher George, m'écriai-je, je suis enterré.

— Oh ! absolument, mon parrain ; tout est tombé sur vous ; il y en a plus de dix pieds de haut, mais ne perdez pas courage, « ajouta l'enfant » je vais me mettre à l'ouvrage et si je ne peux pas vous sortir de là en un jour, ce sera en deux, en trois, en quatre, enfin, le bon Dieu aidant, on en viendra à bout, mais en attendant, vous ne mourrez pas de faim, je vais vous passer des provisions par la fenêtre.

Après m'avoir tendu le contenu de son panier, que j'eus toutes les peines du monde à atteindre, malgré les efforts que je faisais pour allonger le bras, George commença bravement son travail de déblaiement.

De temps en temps, il venait me rendre compte de ses progrès. Tantôt il espérait, tantôt il désespérait de réussir.

Enfin, il dut m'avouer, en pleurant, qu'il était arrêté par de grosses pierres qu'il ne pouvait pas remuer.

— Mais, s'empressa-t-il de me dire pour me consoler, demain j'amènerai ma sœur et il faudra bien qu'à nous deux.....

—Hélas! fis-je, en l'interrompant, quel secours peux-tu attendre d'une pauvre fille encore moins forte que toi? Votre bonne volonté vaut assurément mieux que vos bras et si je ne suis tiré d'ici que par vous, je risque fort d'y rester, le restant de mes jours.

Cette réflexion, que j'eus le tort d'émettre, affligea profondément le pauvre George. Il se mit à fondre en larmes et, je ne parvins à le consoler un peu, qu'en lui témoignant un reste d'assurance, que franchement j'étais loin de concevoir en ce moment, et quand il me quitta il avait encore le cœur bien gros.

CHAPITRE VII

Livré à de tristes réflexions, que la nuit vint encore rembrunir, je cherchais, pour tuer le temps, à me procurer une distraction quelconque et, je ne trouvai rien de mieux que de battre le briquet et de brûler les unes après les autres les allumettes dont George m'avait apporté plusieurs paquets; mais, l'odeur du souffre finit par me gêner horriblement; alors, pour continuer le même jeu, j'enflammai d'abord tous les morceaux de papier qui avaient enveloppé mes livres ; puis quand le papier me fit défaut, j'y suppléai avec les feuilles qui me servaient de matelas et, enfin avec les branches de genêts formant le fond de ma couche.

Cette occupation, qu'on pourrait, à juste titre, qualifier d'enfantine, se prolongea néanmoins plusieurs heures, et quand je n'eus plus rien à brûler, je m'aperçus que j'avais consumé mon lit tout entier.

Il me fallait donc maintenant, si je voulais reposer m'étendre sur la terre nue, ce à quoi je me décidai un peu plus tard, car ayant fort mal dormi les deux nuits précédentes, j'étais brisé de fatigue.

Je m'établis, du mieux qu'il me fut possible, dans l'endroit le moins raboteux, et malgré la dureté du sol, je ne tardai pas à m'endormir. Il faisait grand jour quand je me réveillai.

Qu'on ne s'étonne pas si j'entre dans des détails si minutieux, mais ma sphère d'action s'était singulièrement rétrécie et les choses les plus simples devenaient pour moi des événements.

Ce matin-là, mon filleul arriva de très

bonne heure, ployant presque sous le poids des objets qu'il apportait.

Ce qui me fit surtout grand plaisir, ce fut de la toile pour m'arranger un nouveau lit et une provision de chandelles, qui me parut bien précieuse eu égard à l'obscurité de ma retraite.

George s'était aussi précautionné d'une pioche, avec laquelle, pensait-il, je pourrais travailler de mon côté, à m'ouvrir un passage.

— Je suis parti de grand matin, me dit-il, afin d'être plus sûr de ne rencontrer personne, je retourne à la maison bien vite, mais je reviendrai tantôt pour travailler.

Je m'opposai formellement à ce qu'il fît, dans un seul jour, deux voyages aux ruines.

C'eût été au-dessus de ses forces et je lui fis comprendre, qu'il me serait plus utile, en restant une demi-heure de plus, pendant laquelle il rassemblerait des feuilles sèches et quelques branches de genêts pour reconstituer le lit que j'avais si sottement détruit.

Mon désir fut un ordre, pour le brave enfant qui, avant de s'éloigner, me fit passer par l'étroite fenêtre du caveau, tout ce que je lui avais demandé.

CHAPITRE VIII

Désormais, en possession de certains objets qui devaient contribuer à mon bien-être, je me trouvai moins malheureux, et pendant le reste de la journée, je m'occupai à mettre un peu d'ordre dans ma prison.

Ces soins qui faisaient diversion à mes peines, me conduisirent jusqu'à la nuit, que je passai cette fois dans un lit relativement meilleur.

N'ayant conservé aucun espoir d'arriver à

dégager ma porte, je m'étais endormi en rêvant, au moyen d'améliorer ma situation, et quand je me réveillai le lendemain, l'idée de niveler un peu le sol du caveau, fut celle à laquelle je m'arrêtai de préférence. Je me mis donc immédiatement à l'œuvre, et dans la prévision d'une nouvelle irruption des eaux, je jugeai prudent de commencer par élargir le conduit souterrain, qui m'avait déjà sauvé d'une première inondation.

Mais loin que ce fût un égout, comme je me l'étais d'abord imaginé, je reconnus que ce n'était qu'une simple crevasse à la voûte de quelque substruction.

Cette découverte, excita ma curiosité, et je me mis à creuser pour savoir où cette fente pouvait aboutir.

J'avais à peine donné quelques coups de pioche, quand mon travail fut interrompu par l'arrivée de George, mais cette fois il n'était pas seul.

— Je ne peux pas le voir, disait une voix plaintive, je ne suis pas assez grande pour atteindre la fenêtre.

C'était Yvonne, et j'aperçus sa petite main

qui se cramponnait au bord extérieur de l'étroite ouverture.

J'allongeai mon bras, sans parvenir à la saisir. A ce moment, mon filleul entassait au pied du mur, quelques pierres, que par précaution il avait dérangées la veille, et je vis bientôt apparaître le gentil visage de sa sœur toute rouge d'émotion.

Au bonjour affectueux que je lui adressai, la pauvre enfant ne put répondre que par des mots entrecoupés « pauvre monsieur de Gallery... pauvre bon monsieur.

George tout en soutenant sa sœur était parvenu, à son tour, à la hauteur de la fenêtre et se faisait voir derrière elle.

Non, je ne saurais exprimer le plaisir que j'éprouvais à contempler ce groupe intéressant.

Mon filleul me raconta qu'Yvonne avait voulu absolument l'accompagner, d'abord pour me voir, ensuite pour m'apporter différents objets et l'aider à déblayer la porte de ma prison.

Quant à leur projet de se mettre à l'ouvrage, je leur défendis sérieusement d'y penser sous prétexte qu'on pourrait les apercevoir et qu'ils m'exposeraient à être découvert.

Cette observation parut frapper mon filleul.

— Mais si je venais travailler la nuit, me dit George.

— Pour que ton père s'aperçoive de tes absences, n'est-ce pas ?

— Mais alors vous resterez donc éternellement dans ce vilain trou, dit à son tour Yvonne, c'est pourtant bien triste de vivre ainsi tout seul.

— J'en conviens, mes enfants, mais il existe un moyen de m'aider efficacement à sortir de ce caveau, c'est de prier le bon Dieu de me venir en aide. Le Seigneur n'a rien à refuser à de petits anges comme vous.

— Oh alors, s'écrièrent à la fois le frère et la sœur, nous allons, soir et matin, le prier de tout notre cœur.

CHAPITRE IX

Après le départ des deux enfants, je passai en revue les objets qu'ils m'avaient apportés et je me trouvai dès lors dans une espèce d'aisance.

Grâce à Yvonne qui avait pensé à tout, j'avais maintenant de quoi me couvrir chaudement et braver la fraîcheur des nuits. Aussi, ce jour-là, je me couchai de bonne heure et comme j'avais de la peine à m'endormir, j'ouvris un livre que ma gentille pourvoyeuse avait eu l'attention de m'apporter.

Ce livre était l'Imitation de Notre-Seigneur Jésus-Christ et voici le verset sur lequel mes yeux tombèrent tout d'abord.

« *Tant que nous vivons en ce monde, nous ne pouvons être exempts de tribulations.* »

C'était un avertissement qui m'était donné d'en haut de prendre mon mal en patience et de méditer les paroles du Seigneur que l'on trouve dans saint Mathieu.

Venez à moi vous tous qui êtes épuisés de travail et qui êtes chargés car je vous soulagerai.

Le lendemain quand je me réveillai il ne faisait pas encore jour. Je me procurai de la lumière et je repris courageusement mon travail de la veille ; au bout d'une heure j'avais déjà sensiblement élargi le trou qui devait me mettre en communication avec le dessous de mon caveau.

Tout à coup le bruit de plusieurs voix attira mon attention ; et qu'on juge de mon effroi, quand j'entendis distinctement les paroles suivantes venant de la douve.

— Ici, — par ici, voici une fenêtre.

J'avais allumé une de mes chandelles sans réfléchir que dans l'obscurité, la lumière pouvait être aperçue du dehors et ma surprise fut telle que je me jetai brusquement de côté sans même prendre la précaution de l'éteindre.

Un cri de surprise m'avertit bientôt qu'on regardait le par soupirail.

Ce fut alors seulement, que je compris mon imprudence, mais il était trop tard pour y remédier et je me bornai à écouter le colloque qui s'établit entre trois ou quatre personnes qui semblaient se disputer la place pour contempler un spectacle extraordinaire.

— Mais, il y a donc quelqu'un qui habite là dedans ?

— Parbleu, cette chandelle ne s'est pas allumée toute seule.

— Cependant moi, je connais les ruines, il n'y avait d'autre entrée pour pénétrer dans ce caveau que l'ouverture bouchée par le dernier éboulement.

— Alors.... C'est bien singulier ?

— Très singulier.

— Le diable me brûle, je n'y comprends rien.

— Ni moi...

— Ni moi itou.

— A leurs expressions comme à leur accent, je reconnus facilement que mes curieux étaient des gens du pays.

Ils contiuuèrent pendant quelques minutes à s'entretenir à voix basse et l'un deux, qui assurément n'était pas le plus brave, dit à ses camarades :

— Il y a de la sorcellerie là-dessous et le démon pourrait ben avoir sa part dans cet événement.

— C'est tout de même ben possible.

— Et ça ne m'étonnerait point.

— Tas de niais que vous êtes, s'écria l'un d'eux, qui s'exprimait beaucoup plus correctement que les autres. « Je gage que c'est quelque aristocrate qui est venu se cacher là, et si vous m'en croyez, nous allons tâcher de le déterrer pour l'envoyer rejoindre ses semblables à l'abbaye de *Monte à Regret.* »

CHAPITRE X

Un instant, j'avais eu l'idée d'implorer la pitié de ces hommes que je ne supposais pas méchants et de les supplier de venir à mon secours; le propros que je venais d'entendre ne m'encouragea pas à me livrer à leur générosité.

Comme ils manquaient d'outils pour percer la muraille qui me séparait d'eux, ils durent forcément remettre à plus tard l'expédition qu'ils méditaient, et je les entendis s'éloigner.

Ce ne devait être, hélas ! que quelques instants de répit, car comment éviter le sort qui me menaçait ? En supposant même que je pusse parvenir, avant leur retour, à achever, dans le sol, l'ouverture que j'avais commencée et que cette ouverture me donnât accès dans un souterrain, il resterait encore à y descendre, ce qui ne serait peut-être pas sans danger; d'ailleurs, ce souterrain m'offrirait-il une issue pour m'échapper et dans le cas contraire, ceux qui avaient résolu de s'emparer de ma personne, tarderaient-ils à leur tour à pénétrer dans ma nouvelle retraite ?

Néanmoins, comme je n'avais pas le choix des moyens, je repris courageusement mon travail.

En peu de temps, j'eus mis à découvert une énorme pierre qui, selon toute probabilité devait former clef de voûte.

Après mille efforts, me servant du manche de ma pioche en guise de levier je parvins à l'ébranler, mais alors une vive inquiétude vint paralyser mes bras, j'avais cru ressentir un tremblement sous mes pieds et je me demandais si la chute de cette pierre n'allait pas entraîner celle de toute la voûte.

J'hésitais donc à passer outre quand j'entendis une voix qui me criait.

— Êtes-vous là ?

Je reconnus celle de mon filleul

— C'est toi, lui-dis je, à cette heure !

— Je suis déjà venu, mon parrain, mais il n'y avait pas moyen d'approcher, quatre hommes ont rôdé toute la matinée dans les environs.

Alors il me nomma ces quatre individus et il m'apprit que celui qui m'avait paru diriger les autres était un maître d'école, arrivé nouvellement au Teilleul et désigné comme un ardent Jacobin.

Mon filleul les avait épiés à leur départ et il leur avait entendu dire qu'ils allaient chercher des outils.

La crainte de voir bientôt revenir ces méchantes gens me fit oublier le danger qu'offrait le descellemment de la clef de voûte et je m'empressai de renvoyer George pour continuer mon travail, mais à peine était-il parti que je l'entendis revenir en courant.

—Tout est perdu, me cria-t-il, les voilà qui reviennent avec des pelles et des pioches.

4.

— Alors sauve-toi bien vite et que Dieu aie pitié de moi !

Le pauvre enfant ne s'éloigna qu'à regret et après m'avoir tendu sa petite main à travers la fenêtre, comme pour me dire un dernier adieu.

CHAPITRE XI

Après le départ de mon filleul, je restai quelques moments plongé dans une sorte de stupeur et je laissai passer ainsi un temps précieux.

Les voix de mes persécuteurs déjà arrivés dans le fossé me firent enfin sortir de cet engourdissement moral. Le danger doublait mes forces je parvins à détacher la pierre qui m'avait arrêté jusque là et dans sa chute elle entraîna une partie de celles qui l'entouraient.

Le bruit sourd que produisit cet éboulement fut, à ce qu'il paraît, entendu du dehors car les assiégeants accoururent à la fenêtre, mais ils ne purent rien distinguer, grâce au nuage de poussière qui remplissait le caveau.

—Travaillons, mes amis, dit alors le maître d'école, il se passe là-dedans quelque chose d'extraordinaire, mais nous saurons bientôt à quoi nous en tenir.

Attaquant alors la muraille avec acharnement, ils ne tardèrent pas à l'entamer et le fracas que les pierres faisaient en roulant dans le fossé ne me laissait aucun doute sur l'issue fatale qui n'était plus qu'une question de temps.

Chaque coup de pioche semblait de voir percer le rempart qui me protégeait et je m'attendais à tout instant à le voir s'ouvrir pour livrer passage à ceux qui en voulaient à ma vie.

Mais pour arriver promptement à leurs fins, il leur aurait fallu d'autres outils que ceux qu'ils avaient à leur disposition, aussi se découragèrent-ils assez vite.

Nous aurions dû apporter des pinces, dit l'un d'eux. Avec de simples pioches, nous ne viendrons jamais à bout de ces damnées murailles.

— Alors, reprit un autre, ne nous obstinons pas davantage, et remettons la partie à demain.

— En effet, les coups cessèrent de se faire entendre et déjà je me laissais aller à cette espérance vague qui s'alimente de tout et accompagne le condamné à mort jusque sur la dernière marche de l'échafaud, quand le maître d'école, qui ne voulait pas laisser échapper sa proie, s'opposa au départ des camarades.

Il parvint à ranimer leur courage, en leur assurant que le Comité de salut public leur accorderait une large récompense s'ils parvenaient à lui livrer le *ci-devant*.

Cette promesse produisit l'effet qu'il en attendait, les travailleurs reprirent leurs outils, et à l'ardeur avec laquelle ils attaquèrent de nouveau la muraille, je vis bien que je n'avais plus un instant à perdre, si je voulais leur échapper. Je résolus donc de profiter du passage que je m'étais frayé à travers la voûte.

Cependant j'hésitais encore à me laisser glisser dans ce gouffre dont mes yeux ne pouvaient pas mesurer la profondeur, lorsque le mur si vigoureusement battu en brêche, commença à se fendre. Je jetai alors pêle-mêle dans le trou et mes provisions, et les différents objets qui formaient toute ma richesse.

Ce fut mon lit qui passa le dernier, parce que j'espérais me faire moins de mal, en me laissant tomber dessus; en effet, il amortit ma chute, et j'en fus quitte pour un léger étourdissement qui se dissipa de suite.

CHAPITRE XII

Pressé de reconnaître l'endroit où je me trouvais, je cherchai en tâtonnant un de mes paquets de chandelles, et je fus assez heureux pour mettre la main dessus du premier coup. Je portais sur moi mon briquet. J'eus donc bientôt de la lumière et je constatai que je me trouvais dans une cave assez grande et fort humide, mais en poursuivant mes recherches, je ne tardai pas à rencontrer une petite porte.

Elle ouvrait sur un escalier de plusieurs marches qui s'enfonçait sous terre.

Après l'avoir descendu, je fus arrêté par les restes d'une ancienne citerne pleine d'eau, mais comme elle avait moins de largeur que le caveau où elle se trouvait, je pus en faire le tour et je parvins à une autre porte donnant accès dans une galerie d'une certaine étendue et beaucoup plus saine que les deux pièces que je venais de traverser.

Cette découverte me causa une agréable surprise, mais ma joie fut bientôt troublée par la crainte d'être poursuivi.

Revenu sans lumière dans la cave où j'étais d'abord descendu, je prêtai l'oreille, et le bruit que j'entendis au-dessus de ma tête, me prouva que mes persécuteurs travaillaient toujours.

Dans le but de m'éloigner d'eux autant que possible, je jugeai prudent de transporter mon lit et tout ce que je possédais dans le grand souterrain.

Cette pièce, où j'allais m'installer, était en partie taillée dans le roc, et elle me sembla si logeable et si commode, que si j'avais pu l'occuper sans de pénibles préoccupations et avec l'assurance d'obtenir de mon filleul les mêmes secours que dans ma première cachette j'aurais trouvé ma situation très supportable.

Pendant que je me livrais à ces réflexions, j'en fus distrait tout à coup par des cris d'effroi, suivis d'un épouvantable fracas et d'une violente secousse.

Le bruit venait du côté de la citerne, où je ne remarquai aucun désordre et dans laquelle régnait en ce moment un profond silence ; mais quand je voulus gravir l'escalier conduisant à l'étage supérieur, je le trouvai encombré de pierres, et je fus arrêté dès la première marche.

CHAPITRE XIII

La cause de cet événement n'était pas difficile à deviner, les maladroits, en démolissant le mur, avaient tellement ébranlé les fondations de l'ancienne tour carrée, que la partie restée debout s'était écroulée, ensevelissant de nouveau sous ses débris ma cellule et la cave avec laquelle elle communiquait.

Ma première pensée fut que désormais je me trouvais à l'abri des poursuites, dont j'étais l'objet, mais la seconde m'avertit que, probablement, j'étais condamné à mourir de faim.

Il me fallait donc, à tout prix, découvrir une issue qui me permît de communiquer avec le dehors, et je commençai immédiatement mes recherches.

En contournant la citerne, je remarquai contre le mur des saillies affectant des formes étranges, j'élevai ma lumière à leur hauteur. C'était deux cariatides à moitié rongées par le temps, et dans l'intervalle qui se trouvait entre elles, existait une porte peu apparente au premier aspect, car elle était absolument de la couleur des pierres.

Je me croyais déjà sauvé, quand je constatai avec chagrin que cette porte était en fer et hermétiquement close.

Cependant, j'allai bien vite chercher ma pioche et comme la rouille avait déjà fait la moitié de la besogne, cette porte fut bientôt enfoncée.

Suivant aussitôt le passage qui s'ouvrait devant moi, je pénétrai dans une vaste salle où huit tombeaux étaient symétriquement rangés le long des murs.. Il n'y avait pas à en douter, je me trouvais dans le caveau sépulcral où reposaient les anciens moines de l'abbaye.

En continuant mes recherches, je vis que ces catacombes avaient une autre porte, mais cette dernière était ouverte et donnait sur une espèce de corridor très étroit dans lequel je m'engageai et qui me conduisit à un carrefour où le chemin se divisait en trois branches.

CHAPITRE XIV

Prenant le chemin qui se trouvait en face de moi, je fus bientôt arrêté par un amas de décombres, et après m'être convaincu de l'impossibilité d'aller plus loin, je revins sur mes pas espérant que je serais plus heureux en suivant une autre direction. Mais je fis un faux pas et en cherchant à me retenir à la muraille, je lâchai le flambeau que je tenais à la main, et je me trouvai au milieu des plus effroyables ténèbres.

Persuadé que je pourrais aisément regagner le grand souterrain, où par malheur j'avais laissé mon briquet, j'étendis les bras pour ne pas me heurter à quelque obstacle et j'arrivai sans accident jusqu'au carrefour que je reconnus à l'élargissement de la voie, car mes mains au lieu de toucher les parois des murailles s'agitaient maintenant dans le vide.

Après avoir hésité un moment, croyant m'être suffisamment orienté, je pris et toujours en tâtonnant la route que je supposais la bonne.

J'avais dû monter pour gagner le carrefour, je ne fus donc pas étonné de sentir que le chemin que je suivais allait en pente, mais cette pente d'abord presque insensible devint bientôt si rapide que je commençai à croire que j'avais pris une fausse direction.

Cette supposition me fit ralentir ma marche et je n'avançai plus que pas à pas.

Hélas ! malgré cette précaution, le terrain venant tout à coup à manquer sous mes pas, je tombai dans un trou profond.

Ma chute fut si grave, que je perdis connaissance.

Quand je revins à moi, j'étais dans un état pitoyable, plein de contusions, de meurtrissures, et ce ne fut qu'après mille efforts que je parvins à me relever, mais ma faiblesse était si grande que j'eus toutes les peines du monde à sortir de l'espèce de fosse dans laquelle j'avais été précipité.

Je n'y parvins qu'en rassemblant le peu de forces qui me restaient et je me traînai péniblement, cette fois sans m'égarer, jusqu'à la pièce où se trouvait mon lit.

Je ne fus pas plus tôt étendu sur ma couche que, la fatigue l'emportant sur la souffrance, je m'endormis profondément.

CHAPITRE XV

Me sentant un peu soulagé à mon réveil, je résolus de recommencer la tentative qui m'avait si mal réussi la veille, mais, cette fois je pris toutes sortes de précautions.

J'emportai ce qui me restait de provisions de bouche, ma pioche, mon briquet et un paquet de chandelles.

Après avoir traversé de nouveau la citerne et les catacombes, j'arrivai sans encombre au carrefour des trois routes.

J'en avais déjà parcouru deux sans succès, je suivis donc hardiment la troisième.

Je marchai assez longtemps sans trouver autre chose que des éboulements partiels qui n'obstruaient pas entièrement le passage, puis enfin je rencontrai les restes d'un escalier.

Ses marches étaient si usées et tellement couvertes de débris que ce n'était qu'avec beaucoup de peine et en les déblayant les unes après les autres que je pouvais les gravir.

J'avançais assez lentement, mais enfin j'avançais.

Quand je fus parvenu à la moitié de cet escalier qui allait en tournant, je me trouvai sur une sorte de pallier et devant une porte murée; je me disposais à gagner l'étage supérieur quand au travers des pierres mal cimentées, je crus apercevoir un peu de jour.

Je n'osais d'abord en croire mes yeux, mais ayant caché ma lumière, j'acquis la certitude que je ne me trompais pas.

Qu'on juge de ma joie, en me voyant si près de la délivrance, car pour recouvrer ma liberté, il ne s'agissait plus que d'élargir la lézarde qui existait dans la muraille.

5.

Cette opération n'offrait pas de grandes difficultés. Aussi, à l'aide de la pioche, dont je m'étais muni, j'eus bientôt pratiqué dans la maçonnerie un trou assez grand pour y passer la tête et alors j'entrevis le ciel.

Périls, peines, fatigues, tout fut oublié et quoique l'ouverture fût encore fort étroite, je ne pris pas même le temps de l'agrandir, et me précipitant à travers, j'abattis avec mes épaules ce qui s'opposait à ma sortie.

Le soleil n'était pas encore couché et mon premier soin fut de jeter les yeux autour de moi.

Hélas, cent fois hélas! fut-il jamais désappointement comparable à celui que la fatalité me réservait; au lieu de me trouver en pleine campagne, j'étais dans une enceinte circulaire, au fond d'une haute tour, présentement à ciel ouvert, par suite de l'effondrement des planchers et de la toiture, et pour comble de malheur le rez-de-chaussée de cette maudite tour qui autrefois avait dû servir de cellier ne communiquait pas avec l'extérieur.

Je n'avais donc fait que changer de prison.

Je me sentais complétement découragé quand j'entendis des voix en dehors.

CHAPITRE XVI

Il existait à dix pieds du sol une large fenêtre garnie de barreaux de fer, j'escaladai, pour l'atteindre, un monceau de décombres, et je cherchai à voir les personnes que je venais d'entendre parler, mais elles se tenaient tout près de la muraille et il m'était impossible de les apercevoir.

N'entendant plus aucun bruit, je me figurais qu'elles s'étaient éloignées et j'allais quitter mon poste d'observation, quand les paroles suivantes vinrent frapper mon oreille.

— Oh, mon frère, que j'ai peur!

— Et moi donc, crois-tu que je sois rassuré?

— Bonté du ciel! m'écriai-je, c'est George! c'est Yvonne! mais ce fut en vain que j'appelai, on ne me répondit pas.

Je pris alors une grosse pierre et je la jetai de toutes mes forces contre la muraille, espérant ainsi me faire mieux entendre, mais je n'obtins aucun résultat, j'allais donc recommencer sur une autre partie de l'enceinte, lorsqu'en me retournant je mis le pied dans un trou assez profond.

C'était l'entrée d'un caniveau construit sous le mur et par lequel, à la rigueur, un homme pouvait passer.

Sans hésiter, sans réfléchir, je me précipitai à terre, et après avoir rampé quelques instants je me trouvai hors de la tour.

Alors j'appelai de nouveau, George! Yvonne!

Bientôt deux voix amies répondirent à mon appel, et regardant autour de moi, j'aperçus les deux pauvres enfants blottis sous un buisson et à moitié morts de peur.

— Comment vous trouvez-vous ici ? leur demandai-je, après les avoir tendrement embrassés.

— Nous vous cherchions, mon parrain, et nous avons fait plusieurs fois le tour des ruines.

Quand, tout à l'heure, nous avons vu un homme sortir de dessous terre ; nous avons eu une telle frayeur que nous nous sommes cachés.

Lorsque je leur eus raconté ce qui m'était arrivé depuis leur dernière visite, George m'apprit qu'il avait été témoin de l'éboulement de la grande tour carrée et que le maître d'école était blessé.

— Le soir, ajouta-t-il, je suis revenu pour tâcher de savoir ce que vous étiez devenu, mais ce fut en vain que j'appelai de toutes mes forces et je me persuadai que vous n'étiez plus de ce monde.

Ah! j'avais bien du chagrin... et sans ma sœur qui me rendit un peu de courage, en me disant qu'il ne fallait pas désespérer et que le lendemain, nous ferions ensemble de nouvelles recherches, je ne sais pas ce que je serais devenu.

Je pressai contre mon cœur, ces deux excellentes créatures, et je les invitai à reprendre sans plus tarder, le chemin de Morette.

— Mais vous, me dit mon filleul, où passerez-vous la nuit?

— Ne suis-je pas devant la porte de mon domicile et, libre d'y rentrer quand cela me conviendra.

Cette réponse, que je fis en souriant, et en montrant du doigt le caniveau qui m'avait donné passage, sembla rassurer complétement mon filleul et il me quitta en disant : « à demain. »

CHAPITRE XVII

La vue de ces chers enfants, m'avait fait oublier mes douleurs, je les ressentis plus vivement après leur départ. Il faisait un froid très piquant et il m'eût été impossible de passer la nuit à la belle étoile. Je revins donc au caniveau, et je me glissai dans l'intérieur de la tour.

Faible et souffrant comme je l'étais depuis ma chute, mon souterrain se trouvait trop éloigné, et le chemin en était trop difficile pour que je pusse songer à y retourner ce soir-là : forcément, je dus me contenter de cet abri provisoire.

Ce fut dans cet endroit, que George vint me rejoindre le lendemain, il m'avait d'abord cherché sous les buissons d'alentour et ensuite, l'idée lui était venue de prendre le chemin que je lui avais indiqué, la veille.

Lorsqu'il pénétra, en passant par le caniveau, dans la pièce où je m'étais réfugié, il me trouva étendu sur la terre, plongé dans un profond sommeil.

Au premier aspect, le pauvre enfant me crut mort ; le froid de la nuit avait glacé mes membres, et répandu sur mon visage, une effrayante pâleur ; mais en s'approchant de moi, il reconnut avec joie que je n'étais qu'endormi.

Cependant, j'éprouvais depuis quelques instants un bien-être dont il m'était impossible de me rendre compte, je ne dormais plus mais je n'étais pas encore tout à fait réveillé.

Je sentais diminuer peu à peu la rigidité de mes membres engourdis par le froid, et je les étendais avec délices.

Quand enfin, j'eus conscience de ce qui se passait autour de moi, quelle fut ma surprise de me trouver couché auprès d'un bon feu et de voir à la portée de ma main, un copieux déjeuner étalé sur une belle serviette blanche!

La présence de mon filleul m'eut bientôt tout expliqué. Au moyen de quelques broussailles ramassées dehors, il avait allumé ce brasier dont la chaleur me faisait tant de bien et en attendant que j'ouvrisse les yeux, il avait déposé près de moi les provisions que contenait son panier.

— Savez-vous, me dit-il, que je passe la journée avec vous.

— Mais c'est impossible!

— Pourquoi donc?

— Quand tu rentreras au logis, on te grondera, on te battra, peut-être.

— Mon père est absent de Morette pour plusieurs jours.

— Et la forge?

— La forge, depuis l'ouverture des Clubs, on ne travaille plus chez nous. Mon père prétend que, prochainement tout le monde va être riche et que chacun ferrera son cheval lui-même.

CHAPITRE XVIII

Tout en déjeunant, je questionnai George sur ce qu'il avait pu entendre dire de moi, et il me raconta que ma maison avait été pillée, qu'on m'avait cherché partout, en disant que si je reparaissais au manoir, mon affaire serait bientôt faite.

Ces nouvelles étaient loin d'être rassurantes ; aussi je pris la résolution de ne plus m'aventurer au dehors des ruines ; mais il fallait que George sût où me trouver, et je l'engageai à me suivre, afin qu'il prît connaissance de ma nouvelle cachette.

Nous passâmes par la lézarde et après nous être procuré de la lumière, nous descendîmes avec précaution l'escalier dont j'ai déjà signalé le mauvais état. A partir de la dernière marche le chemin devenait plus commode; mon petit compagnon marchait à côté de moi sans souffler mot, quand je le regardais il me regardait, si je souriais il souriait, et si ma figure devenait sérieuse, la sienne se rembrunissait.

Arrivé au carrefour ; je reconnus facilement la véritable route et je recommandai à mon filleul de bien la remarquer.

Bientôt nous eûmes gagné les catacombes et voyant sur le visage de l'enfant les signes d'une frayeur qu'il cherchait en vain à dissimuler :

— Oseras-tu bien revenir ici tout seul lui demandai-je ?

— Dame ! mon parrain, me répondit-il, ces figures de pierre couchées sur leurs tombeaux... C'est un peu effrayant, mais si elles me font trop peur... je fermerai les yeux en passant.

J'étais impatient d'arriver ; nous traversâmes rapidement la citerne et enfin nous parvînmes dans le grand souterrain.

Il me semblait que je revenais d'un long et pénible voyage, tant j'éprouvais le besoin de me reposer.

Ce fut donc commodément assis sur mon lit, que je me mis à raisonner avec George et à discuter mes projets, tant sur mon arrangement intérieur que sur les visites qu'il viendrait me rendre.

George, qui semblait comprendre combien il m'était nécessaire, répondait gravement à tout ce que je disais. Il approuvait, faisait même des objections.

Le contraste de sa mine enfantine avec le ton sérieux qu'il prenait par fois aurait pu paraître risible à tout autre qu'à moi.

Il fut enfin convenu que, deux fois par semaine ou trois fois au plus, il m'apporterait des provisions et je lui remis une petite somme d'argent pour payer différents objets qu'un plus long séjour dans les ruines me rendrait indispensables.

Nous dînâmes ensemble de bon appétit,

et l'heure de son départ étant arrivée, je le reconduisis jusqu'au Caniveau et revins en toute hâte me coucher, car j'étais horriblement fatigué.

La présence de mon filleul, la certitude de le revoir souvent, m'avait remonté le moral et je m'endormis, ce soir-là, avec une tranquillité d'esprit que je n'avais pas éprouvée depuis longtemps.

CHAPITRE XIX

Nous étions alors, à la fin de novembre et c'est de cette époque que date réellement mon établissement dans les ruines, j'étais venu m'y réfugier, espérant d'un jour à l'autre pouvoir gagner le littoral et de là, passer en Angleterre. Dès le second jour je me trouvais prisonnier.

Aujourd'hui que la liberté m'était rendue, il n'était pas prudent d'en profiter de suite, et dès lors, me croyant en sûreté dans les entrailles de la terre, j'employai mon temps à rendre ma demeure aussi commode que possible.

Toujours secondé par George, quelque foi même par Yvonne, j'exécutai, petit à petit, de notables améliorations.

Je ne saurais exprimer le bonheur que j'éprouvais lorsque par hasard je pouvais avoir ces deux enfants assis à mes côtés. Nous causions alors familièrement et je m'efforçais de reconnaître leurs soins en développant dans leurs âmes les germes précieux que la nature y avait jetés.

Je passai ainsi plus d'un mois dans une parfaite sécurité, et George l'augmenta encore en m'apprenant que l'homme qui avait été blessé en cherchant à pénétrer dans mon caveau était encore malade, et que, compris dans la réquisition, il devait partir pour l'armée dès qu'il serait rétabli.

Si j'avais été surpris que des enfants aussi jeunes que George et Yvonne eussent conservé pour moi les sentiments de reconnaissance que leur avait inspirés leur mère, et cela, sous les yeux d'un père tel que le leur, je ne l'étais pas moins de la manière dont ils s'exprimaient sur son compte.

Loin de parler avec mépris de celui dont ils étaient obligés de se cacher pour accomplir une bonne action, le peu qu'ils m'en avaient dit annonçait au moins un grand respect pour l'autorité paternelle.

Je reconnaissais là le fruit des premiers principes qui leur avaient été inculqués, principes qui ne s'effacent jamais entièrement.

Mais si les enfants me parlaient rarement de l'auteur de leurs jours, ils m'entretenaient souvent de leur grand-père, l'honnête François Almain, qui, après avoir longtemps servi dans ma famille, s'était marié à Granville où il exerçait encore à cette époque la profession de blatier.

Ce brave homme s'était toujours montré reconnaissant de ce que j'avais fait pour sa fille, la mère de George et d'Yvonne, et je ne doutais pas qu'il ne fût disposé à se dévouer pour moi si l'occasion s'en présentait. Par malheur, je ne savais comment lui faire connaître ma position.

Un jour, George m'apprit qu'on attendait son grand-père, et qu'il pouvait arriver à Morette d'un moment à l'autre.

— Permettez-moi de lui faire connaître le lieu de votre retraite, me dit-il, vous savez combien il vous aime, il trouvera, peut-être, le moyen de vous sauver.

Je consentis sans peine à sa demande, et je le bénis pour l'espérance qu'il faisait entrer dans mon cœur.

Quelques temps après cet entretien, c'était, je crois, dans les derniers jours de décembre, j'attendais mon filleul, et pour me donner un peu d'exercice, je voulus aller au-devant de lui.

Je venais de monter les quelques marches conduisant au rez-de-chaussée de la tour, quand au moment d'y pénétrer il me sembla entendre remuer des pierres.

J'ai dit plus haut que les planchers de la vieille tour étaient tous effondrés ; cependant il en restait encore quelques vestiges, une sorte de corniche fort étroite soutenue par l'extrémité des poutrelles engagées dans la muraille.

C'était un point d'appui peu solide, qui pouvait céder sous le poids de mon corps, mais poussé par la curiosité, oubliant le danger que j'allais courir, je m'y couchai à plat ventre pour mieux voir ce qui allait se passer au-dessous de moi.

A mon grand étonnement il n'y avait personne dans les ruines et évidemment le bruit qui m'avait inquiété venait de dehors.

J'allais donc redescendre lorsque de sourds gémissements me firent tressaillir.

Ils semblaient sortir de dessous terre et étaient accompagnés de trépignements comme s'il se fut agi d'une lutte engagée entre plusieurs personnes.

Je fus bientôt fixé à cet égard.

Une scène de violence se passait en effet de l'autre côté du mur et allait avoir son dénouement dans l'intérieur de la tour.

CHAPITRE XX

Un homme venait de s'y introduire par le caniveau traînant après lui un petit garçon tout en pleurs, mais il n'était pas seul, un second et un troisième camarade se glissèrent à leur tour par l'étroit passage et quand ces misérables furent réunis, ils firent au pauvre enfant, qu'ils avaient déjà accablé de mauvais traitements, les plus horribles menaces, et comme il cherchait à leur résister, ils le renversèrent sur le sol et l'un d'eux lui attacha les mains derrière le dos.

Quelle fut ma douleur quand, dans cette innocente victime, je reconnus George!

Oubliant le péril où me mettait la présence de ces hommes, j'étais prêt à voler au secours de mon filleul, lorsqu'un de ses trois bourreaux prit la parole.

—Faisons du feu, s'écria-t-il, et nous allons le griller comme un cochon pour lui délier la langue et le forcer à nous répondre.

Cette parole devait me faire supposer que j'étais l'objet de leurs recherches.

Il suffisait alors de me livrer pour mettre fin au supplice du généreux enfant; mais au moment où j'allais me montrer, l'un des trois hommes qui n'avait pas encore ouvert la bouche s'approcha de George, et lui dit en lui montrant le poing.

— Une dernière fois, petit entêté, veux-tu nous indiquer la cachette où nous pourrons, comme ton aristocrate, nous moquer des gendarmes qui sont à notre poursuite ?

— Parce que nous sommes des réfractaires, ajouta celui qui avait allumé du feu, nous ne sommes pas pour cela des malhonnêtes gens et tu as tort de ne pas nous dire où se tient caché le ci-devant auquel tu apportais d s vivres.

J'attendais avec anxiété ce que George allait répondre, mais il avait fait le sacrifice de sa vie et il persistait à se taire.

Alors, au comble de l'exaspération, celui qui était entré le premier dans la tour et qui paraissait le plus méchant des trois, le saisit brutalement par les épaules en disant à ses camarades.

— Puisque le petit drôle ne peut nous être utile à rien, il vaut mieux nous en débarasser sur-le-champ, car si nous le laissions partir, il irait nous dénoncer.

Déjà il avait soulevé l'enfant, et il allait le jeter au milieu des flammes, quand le cri d'horreur qui s'échappa de ma poitrine lui fit lever la tête.

Le monstre se trouvait précisément au-dessous de moi, et sur la corniche où je me tenais, était une grosse pierre, je la poussai vivement et la fis rouler dans le vide.

Une horrible imprécation m'apprit que la justice Divine avait guidé mon bras.

6.

CHAPITRE XXI

Qu'allait devenir mon pauvre George ? Je ne pouvais pas laisser l'enfant qui se sacrifiait pour moi, exposé à la rage de ces forcenés. Je descendis l'escalier le plus vite possible, mais quand j'arrivai en bas, les trois hommes avaient disparu.

George renversé à terre, les mains encore liées derrière le dos, avait entièrement perdu connaissance ; je volai à son secours et fus assez longtemps sans pouvoir m'en faire reconnaître.

— C'est vous, me dit-il enfin, c'est bien vous... Ah ! je crois que je vais mourir.

Il avait la figure en sang et semblait étouffer.

Je lui déliai les mains pendant qu'il regardait avec effarement autour de lui, semblant partagé entre la crainte et la douleur.

— Allons dans le souterrain, lui dis-je.

— Hélas ! je ne puis marcher, me répondit-il, je dois avoir la jambe cassée.

Heureusement il n'y avait pas de fracture, mais seulement une forte contusion qui jointe à celles qu'il avait à la tête, le faisait cruellement souffrir.

Je ne savais que faire pour le soulager, si encore j'avais pu trouver un peu d'eau pour laver ses blessures.

Mais dès que je faisais mine de m'éloigner il me retenait par mes habits et me suppliait de ne pas le laisser seul.

Cependant ses bourreaux étaient bien partis, on pouvait suivre des traces de sang jusqu'à l'entrée du caniveau.

— George finit par se tranquilliser un peu, et ses douleurs devinrent moins vives. Il m'apprit alors que ces trois hommes étaient les mêmes qui avaient tenté de pénétrer dans ma première retraite.

On doit se rappeler que l'un deux, le maître d'école, avait été blessé par la chute d'un pan de mur.

— Après sa guérison, me dit mon filleul, le maître d'école, compris dans la réquisition, n'a pas voulu partir et lorsque les gendarmes sont venus le chercher, il s'est sauvé avec deux mauvais sujets comme lui.

« Quand je suis arrivé, ce matin, avec mon panier, ils étaient cachés derrière les buissons qui sont au pied de la tour, et il m'ont aperçu au moment où j'allais passer par le caniveau; alors ils m'ont dit que si je voulais leur enseigner l'endroit où se cachait celui auquel étaient destinées les provisions que j'apportais, ils me donneraient beaucoup d'argent; sinon ce jour serait le dernier de ma vie.

Comme je cherchais à m'enfuir, ils m'ont entraîné de force, et vous savez le reste.

— Je me croyais absolument perdu lorsqu'une grosse pierre est tombée sur la tête du maître d'école qui allait me jeter dans le feu.

Il était difficile que l'enfant différât plus longtemps à retourner à Morette. Outre que son absence, en se prolongeant, eût pu avoir des résultats fâcheux pour nous deux, je n'avais rien de ce qu'il fallait pour panser ses blessures et faute de soins immédiats, elles pouvaient s'aggraver et devenir dangeureuses.

Je le fis lever, et je vis qu'avec mon aide et en marchant doucement il pourrait regagner son logis.

Je me décidai donc à le reconduire, mais il n'y consentit que lorsque je lui eus fait la menace d'aller moi-même jusqu'au bourg de Mantilly chercher les secours nécessaires.

Forcés de nous arrêter à chaque instant, nous mîmes plus de deux heures à atteindre les bords de l'étang, et quand je le quittai, il n'était plus qu'à quelques pas de la maison de son père.

Lorsque je revins aux ruines, la nuit était venue.

En traversant la pièce du rez-de-chaussée j'entendis des pierres rouler les unes sur les autres, je m'arrêtai, le bruit cessa, je fis quelques pas, le même bruit se fit entendre de nouveau, puis cessa encore.

Ne pouvant en découvrir la cause, je poursuivis mon chemin sans m'attarder davantage, mais assez inquiet, je l'avoue.

Parvenu au souterrain je soupai à la hâte, et je me jetai sur mon lit.

Malgré la fatigue que je ressentais il me fut impossible de me reposer; les événements de la journée, l'inquiétude que j'éprouvais au sujet de mon filleul, les bruits enfin que j'avais entendus en rentrant m'empêchèrent de fermer l'œil.

CHAPITRE XXII

Le lendemain, je n'attendais pas George. Comme j'avais des provisions à l'avance, il avait été convenu qu'il prendrait du repos pendant deux ou trois jours. Je résolus donc, par prudence, de rester provisoirement confiné dans ma retraite. Un des scélérats que j'avais mis en fuite pouvait être revenu et je ne voulais pas m'exposer à une mauvaise rencontre.

Cependant, au bout de trois jours, mes vivres se trouvaient épuisées, je me décidai à aller jusqu'à la tour prendre les provisions qu'Yvonne avait dû déposer en dehors dans un endroit convenu.

Son panier s'y trouvait, mais il était vide.

Qui donc avait pu s'emparer de ce qu'il contenait? Quelque chien errant peut-être... à moins qu'un autre que moi ne fût caché dans les ruines.

Cette supposition était très admissible, elle pouvait même expliquer les bruits qui m'avaient inquiété. Aussi elle me causa un trouble inexprimable et je me hâtai de regagner le souterrain où je me croyais plus en sûreté.

Mais la faim devait dès le lendemain me pousser à entreprendre une nouvelle excursion, hélas! elle ne fut pas plus heureuse que la précédente. Comme la veille, le panier d'Yonne ne contenait rien.

Je me croyais définitivement condamné à mourir de faim, quand, en jetant les yeux autour de moi, j'aperçus ma petite pourvoyeuse qui semblait guetter mon arrivée; elle accourut à moi et m'apprit que le jour précédent, elle m'avait attendu une partie de la matinée.

— Mais il parait, me dit-elle, que je me suis endormie et que pendant mon sommeil, vous êtes venu prendre ce qu'il y avait dans mon panier. Quand j'ai dit à mon frère que je ne vous avais pas vu, il m'a grondée bien fort, et m'a fait promettre qu'aujourd'hui sans faute il aurait de vos nouvelles. Voilà pourquoi je suis revenue ce matin.

Je n'eus pas le courage de lui apprendre que cette fois encore, sa vigilance se trouvait en défaut, et je me contentai de lui recommander de ne plus se séparer de son panier que je viendrais prendre chaque fois qu'elle arriverait. Puis après avoir reçu d'elle l'assurance que son frère allait beaucoup mieux, je lui dis, à bientôt, et elle me quitta sans se douter le moins du monde du jeûne prolongé qui m'avait été imposé.

Une agréable surprise m'était réservée pour le lendemain.

George s'était senti assez fort pour venir jusqu'aux ruines ; parti de Morette au lever du soleil, il m'apportait des vivres pour plusieurs jours.

Pressé, et pour cause de voir arriver mon déjeuner, je me disposais à me glisser hors de la tour pour aller au-devant d'Yvonne que je supposais en route, quand des pas se firent entendre à l'entrée du caniveau.

Dans un premier moment d'effroi j'allais regagner l'escalier, l'orsqu'une voix bien connue m'arrêta court.

— Pour une porte « disait cette voix, c'est tout de même une drôle de porte.

C'était mon filleul qui formulait ainsi son appréciation.

Un instant plus tard, George était dans mes bras, et nous nous embrassions comme de vieux amis qui se revoient après une longue séparation.

Tout en déjeunant, car je n'attendis pas que nous fussions dans le souterrain, pour faire honneur aux provisions qui m'arrivaient si à propos, j'entretins mon filleul des affaires du jour, et de ce qu'il avait pu apprendre de nouveau.

Il m'avoua que les choses allaient de mal en pis, et que le régime de la Terreur s'étendait jusque dans la contrée.

Quant aux trois réfractaires qui avaient voulu le martyriser, le bruit courait qu'ils avaient été arrêtés dans les environs de Granville et conduits à l'armée de brigade en brigade.

Cette nouvelle me tranquillisa beaucoup, et j'en vins à me persuader qu'il n'y avait jamais eu personne dans les ruines, et que la disparition des vivres qui m'étaient destinées ne pouvait être attribuée qu'à la voracité d'un animal quelconque errant dans les environs.

George devait revenir le jour suivant; avant sa rencontre avec le maître d'école et sa bande, il avait pris l'habitude de pénétrer tout seul jusqu'à l'endroit où je me tenais ordinairement.

Un briquet caché dans la tour lui servait à se procurer de la lumière quand je n'allais pas au-devant de lui et parfois même, il ne prenait pas de flambeau, tant la route à travers les corridors lui était devenue familière.

Deux lampes qui brûlaient nuit et jour, l'une sur l'autel des catacombes, l'autre dans le souterrain où je couchais, éclairaient d'ailleurs suffisamment ces deux salles et même la citerne qui se trouvait entre elles.

CHAPITRE XXIII

Après avoir passé une nuit fort tranquille, j'attendais patiemment mon filleul tout en méditant un chapitre de mon livre favori, l'Imitation de Jésus-Christ, quand je le vis accourir avec précipitation, les traits bouleversés, pâle comme un mort, et tremblant de tous ses membres.

Le pauvre enfant vint se jeter dans mes bras, et comme il regardait avec effroi du côté de la porte.

—Que se passe-t-il donc, lui demandai-je?

Sans me répondre, il me montra du doigt l'entrée de la citerne comme pour me préparer à quelque étrange apparition.

Je regardai, et ne vis rien; alors je l'interrogeai de nouveau, et il finit par me dire d'une voix étranglée par la frayeur.

— « Là là » — Il y a quelqu'un. — un homme, il m'a parlé, il m'a même suivi, car j'ai vu son ombre passer devant les tombeaux.

J'avais peine à croire ce que l'enfant me disait; cependant je pris un flambeau et comme il se serrait contre moi sans vouloir me quitter, nous allâmes ensemble jusqu'aux catacombes, c'était, suivant moi, le meilleur moyen de lui prouver que ses terreurs étaient imaginaires.

Arrivés devant les tombeaux, nous ne vîmes rien d'extraordinaire, nous visitâmes le carrefour, le corridor, nous allâmes même jusqu'à la tour, partout régnait le plus profond silence.

— Tu vois bien, dis-je à George, que tu as été le jouet d'une illusion.

— Cependant, ajouta-t-il, sans paraître

rassuré le moins du monde, je suis bien sûr d'avoir entendu une voix qui me disait..... attends.... attends, — ..... arrête.

—De sorte que tu n'oseras plus t'aventurer dans les ruines......

—Est-ce que vous me croyez capable de vous abandonner ? J'ai eu bien peur, j'en conviens, mais je reviendrai quand même, et pas plus tard que demain matin, seulement, ajouta le petit garçon d'un ton calin, si vous pouvez venir au devant de moi..... ça me fera bien plaisir.

Je lui promis qu'en arrivant il me trouverait dans la tour et nous nous quittâmes en nous disant au revoir.

Après avoir attendu qu'il eût franchi le Caniveau, je m'acheminai vers ma demeure souterraine, plus persuadé que jamais que rien n'était capable d'affaiblir l'attachement qu'il éprouvait pour moi.

Tout en marchant, je me demandais ce qui avait pu causer sa frayeur, et j'avoue que ce ne fut pas sans ressentir un certain frisson que je parcourus cette fois le chemin que je faisais si tranquillement chaque jour.

Je crus même, en passant près des tombeaux, entendre comme un gémissement.

Je m'arrêtai un instant pour écouter, mais le bruit ne se renouvela pas.

Rentré dans le souterrain, je donnai mes soins ordinaires à mon petit ménage, mais les occupations journalières ne m'arrachèrent pas aux lugubres préoccupations qui continuaient de m'assaillir.

CHAPITRE XXIV

Avant de me mettre au lit, ainsi qu'en me levant, j'avais coutume d'aller faire ma prière dans les catacombes qui me servaient d'oratoire.

L'heure du repos arrivée, je venais de m'agenouiller devant l'autel quand j'entendis, mais cette fois distinctement, un long gémissement retentir sous la voûte.

Je me relevai vivement, en regardant de tous côtés, et, quoique la lampe éclairât faiblement la salle, je finis par distinguer une forme humaine à moitié cachée derrière un des tombeaux.

Je restai d'abord comme pétrifié, j'apercevais dans l'ombre un être dont l'aspect était véritablement hideux. Il s'appuyait des deux mains sur le bord de la pierre, et ma vue paraissait à son tour l'avoir fasciné car nous restions face à face aussi immobiles l'un que l'autre.

Enfin croisant les bras sur sa poitrine, il me dit d'une voix sépulcrale :

— Ne crains rien, frère, je ne veux pas te faire du mal.

Plus je regardais cet être étrange, plus je le retrouvais effrayant; sa barbe était épaisse et inculte, ses longs cheveux noirs flottaient épars sur un frond livide, et ses yeux presque éteints soulevaient péniblement des paupières desséchées.

Enfin son corps, que d'abord je n'avais pas pu voir, était couvert de vêtements en lambeaux.

Malgré la répugnance qu'il m'inspirait, je fis un effort sur moi-même et j'avançais d'un pas.

En me voyant approcher, cette espèce de spectre m'étendit une main décharnée, balbutia quelques mots inintelligibles, puis enfin vint tomber dans mes bras, en laissant aller sur mon épaule sa tête enveloppée de linges maculés de sang ; je ne savais comment me débarrasser de son étreinte, car il se cramponnait après moi, et ce ne fut qu'après une lutte assez longue, que ce monstre, ce spectre, je ne savais quel nom lui donner, finit par lâcher prise et alla rouler à terre en poussant un cri étouffé.

CHAPITRE XXV

Mon premier mouvement fut de m'enfuir au fond du grand souterrain, où je fus un certain temps avant de me remettre de mon émotion ; mais des plaintes arrivaient jusqu'à moi, elles m'avertissaient qu'un de mes semblables avait besoin de secours, et je rougis bientôt de mon égoïsme, je retournai donc près de ce malheureux que je retrouvai à la place où il était tombé.

J'approchai la lampe de son visage et il

entr'ouvrit les yeux en murmurant d'une voix éteinte :

— Qui que vous soyez, ayez pitié de moi.

Je lui dis que je n'étais pas assez fort pour le porter, mais que, s'il pouvait s'aider un peu, je le conduirais dans un lieu où il me serait plus facile de lui donner des secours ;

Il fit un effort pour se soulever, alors je le pris sous les bras et étant parvenu à le mettre debout je le traînai jusqu'à mon lit, mais non sans m'être reposé à plusieurs reprises.

L'infortuné mourait de faim, il se jeta avec avidité sur les aliments que je lui présentai, et je vis bien qu'un extrême besoin de nourriture était en partie cause de sa faiblesse.

Quand il fut enfin rassasié, je me mis en devoir de panser la blessure qu'il avait à la tête.

— C'est inutile, dit-il, en repoussant ma main, le coup que j'ai reçu est mortel et je sais que je n'en reviendrai pas. Vous avez fait pour moi tout ce qui était humainement possible, et je ne vous demande plus qu'une chose, c'est de me laisser mourir où je suis, et il ajouta... comme vous laisseriez mourir un chien.

J'allais lui faire observer que ce n'était pas ainsi que devait parler un chrétien, quand je remarquai que l'infortuné ne faisait plus aucun mouvement.

L'anéantissement de ses forces l'avait plongé tout à coup dans un véritable sommeil léthargique.

J'en profitai pour soulever les linges qui enveloppaient sa tête. Hélas ! le malheureux ne se trompait pas, sa blessure était mortelle : un choc violent lui avait fendu le crâne et mis à découvert une partie de la cervelle.

S'il avait survécu à un coup pareil, c'était suivant moi un véritable miracle.

CHAPITRE XXVI

En présence d'une catastrophe, que je jugeais inévitable et prochaine, je compris qu'il me restait un devoir à remplir ; je ne devais pas laisser mourir un de mes frères sans faire tout mon possible pour lui procurer les secours de la religion.

Je savais que le vénérable curé de Mantilly, forcé d'abandonner son presbytère, s'était réfugié chez des braves gens qui, au risque de se compromettre, lui avaient offert l'hospitalité.

Je m'empressai de préparer un billet dans lequel je faisais appel à son dévouement de prêtre, et je me rendis à la tour pour y attendre mon filleul ainsi que cela avait été convenu la veille.

Dès que George parut, je lui confiai en quelques mots tout ce qui m'était arrivé, et je le chargeai de porter de suite ma missive à l'adresse que je lui indiquai. De plus, je lui recommandai de se mettre à la disposition de notre digne pasteur qui aurait besoin de lui pour parvenir jusqu'à ma retraite.

En attendant son arrivée, je revins auprès du blessé dont le sommeil d'abord lourd et profond, était devenu très agité.

J'écoutai sa respiration, elle était haletante et saccadée, je lui pris la main, je la trouvai sèche et brûlante ; évidemment une réaction venait de s'opérer dans son organisme, le mal resté à l'état latent dans ce corps énervé par la perte d'une grande quantité de sang, faisait de rapides progrès depuis que le malade avait retrouvé quelques forces.

Mes connaissances en médecine étaient, j'en conviens, fort bornées, mais je savais qu'en pareille circonstance, la fièvre précédait de bien peu l'agonie.

Quoique je considérasse sa blessure comme mortelle, il me sembla que ce n'était pas un motif pour négliger d'en prendre soin, aussi je crus devoir à tout hasard préparer tout ce qui était nécessaire pour un pansement, espérant bien quand il se réveillerait, le décider à se laisser soigner.

Il s'y opposa d'abord énergiquement, mais quand je lui eus fait entrevoir que tout espoir de le sauver n'était pas perdu, l'instinct de la conservation se réveilla soudain en lui et il se laissa faire avec docilité.

Je n'avais en réalité aucune espérance de le voir survivre à son affreuse blessure, mais l'important était de prolonger sa vie pour lui donner le temps de recevoir les consolations de la religion.

Tout en pansant la plaie qui paraissait le faire beaucoup souffrir je lui demandai s'il éprouverait de la répugnance à ce qu'un prêtre vînt le visiter.

Il me regarda fixement, et fut un certain temps sans me répondre, mais j'augurais bien de son silence, car je comprenais que celui qui montrait, un instant avant, un si profond mépris pour la mort, en se comparant à un chien, n'osait déjà plus répéter cette fanfaronnade.

Il était facile de deviner qu'il s'élevait dans son âme un combat entre son orgueil et sa conscience. On reconnaissait l'homme qui n'ayant jamais voulu placer son bonheur et ses espérances au-delà de la vie, sentait à cette heure qu'il pouvait tout perdre en la perdant.

Désormais les angoisses du doute ajoutaient, aux regrets du passé, les inquiétudes de l'avenir.

Il venait enfin de me répondre qu'il ne repousserait pas le ministre du Seigneur, quand, en voyant entrer le vénérable curé de Mantilly accompagné de George, il se retourna brusquement du côté de la muraille et se cacha sous sa couverture comme pour donner un démenti à ses dernières paroles.

Le pasteur remarqua le vif désappointement que me causait cette manière d'agir, et il m'assura que, pour sa part, il ne s'en formalisait nullement.

— Dans l'exercice de notre ministère, me dit-il, nous sommes habitués à de semblables réceptions, mais elles ne nous découragent nullement, laissez-moi seul avec ce malheureux, le Seigneur m'inspirera sans doute quelques bonnes paroles capables de toucher le cœur le plus endurci

Je fis signe à George de me suivre et nous allâmes jusqu'à la tour.

CHAPITRE XXVII

Mon filleul avait hâte de se trouver seul avec moi, pour me faire part d'une nouvelle qui, suivant lui, devait me rendre bien heureux.

Son grand-père était arrivé de la veille à Morette, et il avait profité de l'absence du maréchal ferrant pour apprendre au vieillard que j'étais caché dans les environs en attendant une occasion favorable pour gagner Granville.

— Grand-père répond de tout, me dit George, il est parti ce matin pour le marché de Domfront, il sera de retour ce soir avec un chargement de grains, et il se fait fort de si bien vous cacher au milieu des sacs, qu'il vous fera voyager à la barbe de tous les gendarmes du département.

A quelle heure voulez-vous qu'il vienne vous prendre cette nuit?

Dans tout autre crirconstance, l'occasion qui se présentait de quitter ma triste demeure m'aurait comblé de joie, elle ne m'inspira qu'une profonde tristesse, car je n'étais plus libre de ne penser qu'à moi seul, je me devais à l'hôte que la Providence m'avait envoyé; l'abandonner dans le triste état où il se trouvait, ma conscience se révoltait à cette idée, aussi déclarai-je sans hésitation à mon filleul que je ne profiterais pas cette fois de la bonne volonté de son grand-père.

— Plus tard, lui dis-je, quand j'aurai rempli jusqu'au bout le devoir que l'humanité me commande, je songerai à mon intérêt personnel.

CHAPITRE XXVIII

Quand George me quitta ce jour là pour retourner chez son père, je lui recommandai de revenir le lendemain avec sa sœur qui l'aiderait à m'apporter un supplément de provisions pour le cas où l'abbé Cousin, dont je connaissais le zèle apostolique, voudrait rester jusqu'au dernier moment auprès du moribond.

Après le départ de George, je crus devoir attendre encore quelques instants avant de retourner au souterrain, puis je m'acheminai doucement vers les catacombes où je trouvai le pasteur.

Il était prosterné devant l'autel et priait avec ferveur.

En m'entendant venir il releva la tête, et me parut transfiguré.

Son visage, d'ordinaire grave et un peu mélancolique, était en ce moment radieux.

Il se releva, me prit les mains, et les serrant avec effusion :

— Le bon Dieu a secondé mes efforts, me dit-il, grâce à lui j'aurai gagné une âme au ciel.

— Ce malheureux vous a donc écouté, lui demandai-je, « la répulsion qu'il a semblé éprouver en vous voyant entrer m'avait fait craindre...

— Nous nous sommes mépris, vous et moi, sur l'effet qu'à produit sur ce malheureux mon arrivée en compagnie du petit George. Ce n'est pas ma présence qui lui a causé l'effroi que vous avez remarqué, mais celle de votre filleul.

— Je ne comprends pas.

— Savez-vous quel est cet homme qui vous devra de mourir en bon chrétien ? C'est celui qui a tenté deux fois de pénétrer dans les ruines pour vous livrer à vos ennemis ; c'est le réfractaire qui vous sachant si bien caché, voulait forcer un pauvre enfant à lui dévoiler votre retraite.

— Mais alors, m'écriai-je, au comble de la surprise, c'est moi qui ai fait tomber sur sa tête la pierre qui l'a blessé, qui suis la cause de ses souffrances. Oh ! combien il doit me haïr.

— Il vous pardonne au contraire, comme il voudrait être pardonné par l'innocente créature, qu'il a si cruellement maltraitée. Au surplus vous allez le voir, la fièvre qui le domine en ce moment lui rend quelques forces, et il veut en profiter pour vous raconter lui-même son histoire.

C'est hélas, celle d'un grand coupable, mais un vrai repentir efface bien des fautes et vous ne serez pas plus sévère que le Seigneur au nom duquel je lui ai promis indulgence et miséricorde.

CHAPITRE XXIX

Quand nous revînmes près du blessé, il me tendit la main.

— Je tiens à vous faire connaître ma vie tout entière, me dit-il. Peut-être me mépriserez-vous moins quand vous saurez que, dès mon enfance, j'ai dû marcher, sans guide et sans appui, dans un monde semé de mille écueils.

A cinq ans, orphelin de père et de mère, je fus recueilli par un parent éloigné qui m'envoya à l'école du village, mais malheureusement ne s'inquiéta jamais de ma conduite. S'il avait eu le moindre souci de mon avenir, il aurait appris que j'étais paresseux, indiscipliné, que je pouvais passer à juste titre pour un franc mauvais sujet.

Peut-être à cette époque, eût-il été encore temps de réformer mon caractère, de me faire abandonner la voie fatale dans laquelle je m'engageais, mais l'insouciance de celui qui s'était chargé de moi ne lui permettait pas de se préoccuper de mes détestables penchants.

Si encore il m'avait envoyé au catéchisme, comme les autres enfants de mon âge, il est probable que les conseils du curé de la paroisse auraient pu faire germer dans mon cœur quelques bons sentiments, mais il ne songea même pas à me faire faire ma première communion.

Mon principal défaut était l'orgueil, je me sentais cette force d'âme qui rend plus propre à commander qu'à obéir. Aussi quand on voulut me mettre en apprentissage, je déclarai nettement que j'en savais assez pour me tirer d'affaire tout seul, et que je ne me soumettrais jamais aux caprices d'un patron.

La conséquence de cet acte de révolte est facile à deviner. Mon parent me mit à la porte de sa maison, et je me trouvai rejeté dans le monde sans état et sans moyens d'existence.

Toujours dominé par le fatal orgueil qui me faisait croire à ma supériorité, j'échouai dans toutes mes entreprises, car je n'avais, hélas! aucune expérience, et je ne faisais que des rêves inexécutables. Cependant, quand la Révolution arriva, je crus voir enfin s'ouvrir devant moi une carrière favorable, et j'imaginai follement qu'il n'y avait plus de rang auquel je ne puisse aspirer.

Mais j'étais trop jeune encore et je ne cachais pas assez mes sentiments à d'autres ambitieux que mon audace et mes prétentions effrayèrent.

Ecarté par ceux sur lesquels je croyais pouvoir compter, à la veille de mourir de faim, je me fis au maître d'école Teilleul.

C'est dans ce misérable bourg, que seul, sans relations, sans amis, j'élaborai dans le silence, un plan dont l'exécution devait me faire sortir de l'obscurité, et satisfaire mes ardentes ambitions.

Il ne s'agissait pour cela que de faire disparaître des hommes qui me barraient la route et, je l'avoue à ma honte, je n'aurais reculé devant aucun moyen pour atteindre mon but.

Associé avec quelques mauvais garnements du pays, ayant, comme moi, déclaré la guerre aux nobles, je devins bientôt leur chef.

Tous ceux qui portaient un titre, étaient immédiatement dénoncés par nous comme suspects, et livrés sans pitié au tribunal révolutionnaire.

Vous-même n'avez dû la vie qu'à des circonstances indépendantes de ma volonté, et, aujourd'hui, il est évident pour moi que Dieu veillait sur vous.

En me faisant la terreur du pays, je croyais avoir bien mérité de la patrie et par conséquent avoir droit à ses faveurs. Quelle fut ma déception, quand, au contraire, n'ayant tenu aucun compte de la réquisition, je fus mis hors la loi, et poursuivi comme un malfaiteur.

Ce fut alors, pour échapper aux gendarmes, qui me poursuivaient, que j'eus l'idée de venir me réfugier dans les ruines, avec deux de mes camarades pourchassés comme moi.

Le petit garçon qui vous apportait des vivres, et que nous avons surpris au moment où il allait pénétrer dans la tour, devait nécessairement connaître l'endroit où vous étiez caché, et c'était pour le forcer à nous découvrir votre retraite, que j'ai eu la cruauté de l'approcher du brasier ardent que nous avions allumé pour l'intimider.

Au comble de l'exaspération, par suite de son refus persistant de vous trahir, j'allais peut-être commettre un crime, lorsque la justice divine intervint si à propos.

Mortellement blessé, par la pierre tombée de la voûte, je n'eus pas la force de suivre mes camarades qui s'enfuirent épouvantés. Tout ce que je pus faire, fut de me traîner derrière un monceau de décombres, où je restai sans connaissance pendant plusieurs heures.

Quand je revins à moi, j'avais perdu tant

de sang, que j'eus beaucoup de peine à me relever. Il fallait pourtant aller chercher un autre asile, car rester dans la tour, c'était me condamner à mourir de faim.

Malgré mon extrême faiblesse et la vive souffrance que me causait ma blessure, je parvins à traverser le caniveau, mais une fois dehors je sentis que je ne pourrais pas aller plus loin.

Je me livrais donc au désespoir, quand j'aperçus à quelques pas de moi un panier rempli de provisions, c'étaient celles qui vous étaient destinées, et que vous deviez venir prendre à cet endroit. Je m'emparai de tout ce que contenait le panier et je rentrai dans la tour, où je résolus de séjourner jusqu'à ce que le besoin me contraignît à l'abandonner. Pendant ce temps là, j'espérais que les gendarmes fatigués de me chercher inutilement dans les environs quitteraient la localité.

Si mon état eût été moins grave j'aurais eu le temps de me guérir avant de sortir de ma cachette et cela, grâce aux provisions que je pouvais renouveler à vos dépens, mais une blessure comme celle que j'ai à la tête ne se cicatrise pas facilement et des hémorragies succesives, en empêchant la plaie de se refermer, m'affaiblissaient de jour en jour, et quand mes vivres furent épuisés, il ne me restait pas même assez de forces pour me traîner hors des ruines.

Je compris alors que je n'avais plus que peu de temps à vivre.

Pendant ma longue agonie, je vous voyais passer chaque fois que vous veniez au-devant de votre pourvoyeur, et je vous suivais avidement des yeux, lorsque vous vous enfonciez dans les profondeurs du souterrain.

Enfin un jour, poussé par la soif qui me torturait, je fis un effort surhumain, et j'essayai de vous suivre, espérant que vous auriez pitié de moi, mais il me fut impossible d'aller au-delà des catacombes, où je serais infailliblement mort d'inanition si la Providence ne vous avait pas envoyé à mon secours.

« Oh, monsieur ! Qu'ils sont à plaindre les malheureux qui sentent que tout va leur manquer à la fois, qui ne peuvent plus compter sur les hommes et n'ont pas même un patron qui puisse intercéder pour eux au moment où la vie va leur échapper.

Ce que je vous dis là, vous étonne, je le vois. C'est poutant la vérité ; mes parents ne croyaient à rien, et ne m'ont pas même fait baptiser.

CHAPITRE XXX

Ce que venait de m'avouer cet infortuné, monsieur le curé le savait déjà; aussi avait-il songé à administrer sans retard à son pénitent le premier sacrement indispensable pour effacer én nous la tache du péché originel.

Mais il fallait pour cela un parrain et une marraine.

Ils étaient tout trouvés, George et Yvonne que j'attendais le lendemain en feraient volontiers l'office.

La joie que sembla éprouver le pauvre blessé, en nous voyant prendre ces dispositions, me sembla d'un bon augure, et je le laissai de nouveau en tête-à-tête avec le pasteur qui désirait le préparer à l'acte important qu'il allait accomplir une heure plus tard.

Suivant mes recommandations de la veille, George et sa sœur arrivèrent dès le matin, apportant dans leurs paniers des provisions de toutes espèces.

En quelques mots je mis les deux enfants au courant de la situation et ils furent bien surpris, quand je leur appris le nouveau service que j'attendais d'eux; George surtout, ne pouvait se faire à l'idée qu'il allait servir de parrain à l'homme qui avait voulu le jeter dans le feu.

— Quel dommage, disait Yvonne, de n'avoir pas su cela plus tôt, nous aurions mis nos habits des dimanches pour faire honneur à notre filleul.

En quittant momentanément sa retraite, pour venir me trouver dans les ruines, le curé de Mantilly ayant eu la précaution d'emporter avec lui des vases sacrés, m'avait témoigné le désir de dire la messe dans les catacombes, avant la cérémonie du baptême.

Aidé des deux enfants, je nettoyai avec soin l'autel, et, à défaut de cierges, j'obtins au moyen de quelques chandelles une clarté suffisante, et quand tout fut en ordre, j'allai prévenir le pasteur et le blessé, auquel je fis revêtir pour la circonstance des vêtements convenables ; puis, s'appuyant d'un côté sur mon épaule, et de l'autre sur celle de George, il put arriver jusqu'aux catacombes où le service divin allait être célébré.

Nous avions préparé devant l'autel un siège pour le malade, mais il refusa de s'asseoir, et resta humblement prosterné pendant toute la durée de la messe.

Quand, après le dernier Evangile, nous l'aidâmes à se relever pour recevoir le baptême, son visage était inondé de larmes.

— Ce sont des larmes de joie, nous dit-il, en souriant, j'étais un misérable pécheur, et vous avez fait de moi un homme nouveau, en me montrant le chemin du ciel.

Après la cérémonie du baptême où il avait

reçu les noms d'Yves et de George, il demanda à son parrain et à sa marraine la permission de les embrasser.

Les deux enfants s'y prêtèrent de bonne grâce, et tous ensemble nous le reconduisîmes jusqu'à son lit, car il était facile de voir qu'il était à bout de forces et avait grand besoin de repos.

En effet au bout de quelques instants il ferma les yeux, et nous dûmes le croire endormi.

CHAPITRE XXXI

L'abbé Cousin me fit alors part à voix basse d'un scrupule qui le tourmentait.

— La blessure de ce malheureux, me dit-il, est beaucoup plus grave que je ne l'avais supposé, je pensais qu'avec le temps, elle se cicatriserait naturellement et sans le secours d'un médecin, mais depuis qu'en lui découvrant le front pour le baptiser, j'ai pu voir de mes propres yeux l'horrible fente qui lui traverse le crâne, j'ai acquis l'intime conviction qu'il ne saurait guérir sans l'assistance d'un homme de l'art.

Le priver plus longtemps des secours qui lui sont indispensables, ce serait éterniser ses souffrances, compromettre sa vie, et assumer une lourde responsabilité. Nous avons donc, selon moi, un devoir à remplir, celui d'appeler sans retard un médecin. Or, le seul à notre portée, c'est celui de Mantilly.

— Monsieur Dary! m'écriai-je, mais ce serait nous perdre, les opinions de cet homme sont bien connues, c'est un jacobin, un républicain farouche, qui s'empressera de courir nous dénoncer.

— Je le sais, me répondit simplement le vénérable pasteur. Aussi comme il est inutile de nous sacrifier tous les deux, vous quitterez momentanément cette partie des ruines pendant que j'irai moi-même chercher le docteur.

En disant ces mots, l'abbé Cousin s'était levé et se préparait déjà à partir.

— Et vous avez pu croire, lui dis-je, en me levant à mon tour, que je consentirais à vous laisser exposer vos jours, quand c'est à moi seul que doit incomber la responsabilité qui vous effraye.

Cet homme est mon hôte ; à moi de lui faire donner les soins que son état exige. Et quoiqu'il puisse advenir.........

— Vous ne vous exposerez ni l'un ni l'autre pour un misérable comme moi, murmura, à ce moment, d'une voix suppliante, celui que nous supposions plongé dans un profond sommeil, et qui avait tout entendu.

— « Si le bon Dieu, m'a pardonné, ajouta-t-il, c'est que sa miséricorde est infinie, mais moi, je sais me rendre justice, ma vie n'est rien en comparaison des vôtres, je ne vous laisserai donc pas accomplir votre généreux dessein, et quand je devrais m'attacher à vous.

En prononçant ces paroles, le blessé avait fait un effort pour se lever, mais, à la fièvre qui momentanément lui avait rendu quelques forces, avait succédé une prostration complète.

Ses jambes fléchirent sous le poids de son corps, et avant que nous ayons pu lui porter secours, il tombait de toute sa hauteur en poussant un grand cri.

La tête du malheureux avait porté contre

une pierre, et son crâne déjà si profondément atteint, venait de s'ouvrir entièrement en répandant sur le sol des flots de sang et des débris de cervelle.

Nous ne relevâmes qu'un cadavre.

CHAPITRE XXXII

L'abbé Cousin voulut veiller près du mort jusqu'au moment de l'inhumation qui eut lieu le lendemain dans les catacombes où je lui creusai une fosse entre deux tombeaux.

Rien désormais ne nous retenait dans les ruines ; le curé de Mantilly me quitta le jour même pour retourner chez les braves gens qui lui avaient offert un asile.

Et moi je fis prévenir le grand'père de George, (je le savais encore à Morette), que j'étais disposé à l'accompagner à Granville.

Dieu daigna favoriser mon projet. Dès la nuit suivante, une voiture chargée de grains s'arrêta un instant devant l'abbaye et, à un signal convenu, je sortis de la tour et vins me blottir dans la cachette adroitement ménagée entre les sacs.

Arrivé sans accidents chez le père Almain dont le dévouement m'était assuré, j'attendis tranquillement l'occasion de passer en Angleterre.

Cette occasion se présenta quelques jours plus tard et je pus enfin respirer en paix sur un sol hospitalier.

CHAPITRE XXXIII

Pendant mon séjour chez le grand-père de George, j'avais appris que l'honnête vieillard s'était complétement brouillé avec son gendre.

Le maréchal ferrant affichait ouvertement des opinions qui étaient loin d'être les siennes, et certains propos qu'il lui avait entendu tenir, au sujet des émigrés et de leurs propriétés mises sous le séquestre, lui avaient disait-il, dévoilé son ambition et prouvé son ingratitude.

Du reste, malgré les instances que je fis pour qu'il s'expliquât plus clairement, il refusa de m'en dire davantage, prétendant qu'il serait capable d'en mourir de honte.

Ce fut seulement à Londres, et par les papiers publics qui me furent mis sous les yeux que j'appris que le maréchal ferrant de Morette s'était rendu acquéreur, à vil prix, du manoir de Mantilly et de ses dépendances.

Cette nouvelle, à laquelle d'ailleurs je devais m'attendre, n'altéra en rien la tendre affection que j'avais vouée à ses deux enfants, mais je les plaignis sincèrement d'avoir un pareil père.

Tant que dura la tourmente révolutionnaire je restai convaincu qu'il peut se rencontrer des êtres pour qui la reconnaissance n'est qu'un vain mot, mais la suite vint me montrer à quel point ce sentiment peut se développer chez certains individus jugés d'abord incapables de l'éprouver.

Le maréchal ferrant de Morette était le plus honnête des hommes.

Pour mieux sauvegarder les intérêts de celui qu'il considérait au fond de son cœur comme le bienfaiteur de sa famille, il avait eu la force, dès le début de la Révolution, de jouer un rôle qui avait pu en imposer à tout le monde.

Ce farouche républicain, ce pilier des clubs, ce terroriste enfin si redouté de ceux qui respectaient les prêtres et les nobles, n'avait en réalité jamais fait de mal à personne, car il n'était méchant qu'en paroles, et pour atteindre plus sûrement le but qu'il s'était proposé.

CHAPITRE XXXIV

Une lettre de mon filleul que je reçus à Londres, et dans laquelle il me marquait qu'il venait enfin d'apprendre mon adresse par un de mes voisins de campagne rentré un des premiers en France, me faisait part de la mort de son père remontant déjà à plus d'une année.

Le maréchal ferrant avait déclaré à ses derniers moments qu'il s'était toujours considéré comme le simple régisseur de mes biens, jusqu'au jour où je pourrais rentrer en possession de ce qui m'appartenait légitimement.

George me témoignait la vive satisfaction que lui avait causée cette déclaration *in extremis*, et il ajoutait qu'à mon retour il me rendrait un compte exact des fermages touchés en mon absence.

Enfin, il terminait sa lettre en m'assurant que je retrouverais chez moi tout en ordre et que le jour où je rentrerais au manoir serait le plus beau de sa vie.

Huit jours après avoir reçu cette lettre, je m'embarquais pour Granville où mon filleul et sa sœur m'attendaient avec une voiture pour me ramener à Mantilly.

En passant devant les ruines qui m'avaient servi de refuge, et où j'avais éprouvé de si poignantes émotions, je donnai un souvenir au malheureux qui avait racheté les fautes de sa vie par une mort chrétienne et je pressai sur mon cœur mes deux anges gardiens, George et Yvonne, devenus orphelins, et qui désormais faisaient partie de ma famille.

FIN DES MÉMOIRES D'UN PROSCRIT

SUITE DES

SOUVENIRS D'UN VOYAGE

EN BASSE NORMANDIE

Je savais maintenant que dans le drame qui s'était passé dans la tour de l'abbaye, le père de mon hôte n'avait été que l'instrument de la Providence qui, dans cette triste circonstance, s'était servi de son bras pour protéger un pauvre enfant lâchement martyrisé.

Ce qu'il avait fait, tout homme de cœur l'eût fait à sa place, et le reproche que se permettait de lui adresser le nouveau maire de Mantilly était non-seulement absurde, mais souverainement injuste.

Aussi, autant en arrivant j'avais été froid et réservé avec les excellentes gens qui m'avaient si cordialement accueilli, autant je me montrai le lendemain affectueux et ouvert.

Le changement fut si marqué, que mademoiselle de Gallery ne put s'empêcher de me dire au déjeuner :

— Vous répondez mieux ce matin au portrait qu'on nous avait fait des Parisiens, et franchement hier vous nous en aviez donné une triste idée.

N'osant pas avouer les injustes préventions dont j'étais obsédé la veille, je mis en avant une affreuse migraine qu'une bonne nuit avait complétement dissipée.

En apprenant l'absence de mon ami Dary, j'avais dit à monsieur de Gallery que mon intention était de reprendre dès le lendemain la route de Paris, mais une fois introduit dans sa maison, on avait fait tant d'instances pour me retenir quelques jours, que je n'eus pas la force de persister dans mon projet de départ immédiat.

Il s'agissait, me disait-on, de me faire assister à une cérémonie dont le programme était bien fait pour exciter la curiosité d'un Parisien.

Monsieur de Gallery mariait sa filleule, et à l'occasion de la noce à laquelle j'étais convié en qualité d'ami de la maison, on avait parlé à plusieure reprises de *l'épaulée* et du *fouet de chat*.

Or, ces expressions bizarres étaient pour moi de l'hébreu, j'étais donc bien aise d'en avoir l'explication.

Pendant ces deux jours qui précédèrent la noce, j'entendis plusieurs fois prononcer le nom d'Yvonne et chaque fois ce nom me reportait aux *Mémoires d'un proscrit*. Il s'y rattachait en effet, car la jeune mariée était l'arrière-petite-fille du maréchal ferrant de Morette.

Restée de bonne heure orpheline, n'ayant plus aucun parent, car son grand-oncle George, et son aïeule Yvonne avaient précédé dans la tombe son père et sa mère, elle était venue demeurer au manoir, et le fils du proscrit croyait payer une dette de famille en la mariant à l'un de ses fermiers.

Quand le futur me fut présenté je constatai que c'était un fort et bel homme, bien capable de perpétuer la race des robustes paysans bas-normands, mais si le physique paraissait irréprochable, on pouvait craindre au premier abord que le moral ne se trouvât pas en parfaite harmonie avec l'enveloppe, tant il y avait de gaucherie dans le maintien et de timidité dans le regard.

Comme je faisais part de mes impressions à monsieur le curé présent à l'entrevue :

— Cet air naïf, me dit-il, tient au milieu dans lequel ce garçon a été élevé, son père et sa mère auraient dû vivre il y a deux cents ans. Les croyances superstitieuses qu'ils professent encore de nos jours, étaient admises à cette époque. Aujourd'hui elles sont parfaitement ridicules et leur fils, qui n'est jamais sorti de son village, se ressent tout naturellement des exemples qu'il a eus sous les yeux; mais cela ne l'empêchera pas de faire un bon mari car il a du jugement et pour ma part j'ai déjà contribué à lui inculquer des idées plus saines.

Voici à quelle occasion :

Il existe dans le pays une coutume singulière, bien innocente du reste, et que je ne cherche pas à détruire parce que le temps se chargera d'en faire justice.

Cette coutume, à laquelle les futurs époux se garderaient bien de se soustraire, consiste, le jour des fiançailles, à aller en pèlerinage à une certaine source à laquelle la tradition attribue une vertu particulière.

Si les épingles que la future laisse tomber dans l'eau surnagent et suivent le courant du ruisseau, l'épreuve est décisive et la promise rapporte au logis un brevet de sagesse.

Si au contraire, les épingles jetées dans la fontaine s'enfoncent au lieu de surnager, c'est le signal d'une rupture immédiate.

Mais alors, m'écriai-je involontairement, vous devez avoir bien peu de mariages à célébrer dans votre paroisse.

— Vous vous trompez, me répondit le pasteur, jamais aucun scandale ne s'est produit au bord de la source en question, si ce n'est le jour où Yvonne est venue tenter l'épreuve.

— Ses épingles seraient-elles allées au fond de l'eau ?

— Toutes, les unes après les autres.... et cela, par une bonne raison.

Yvonne, qui habite le manoir, se sert des mêmes épingles que vos Parisiennes, tandis que les autres filles les remplacent par des épines d'églantier.

— Cependant le futur s'est fâché ?

— Et c'est alors que je suis intervenu.

J'ai pris à part le pauvre garçon à moitié fou de désespoir, et je suis parvenu à lui faire comprendre que si les épingles de sa fiancée n'avaient pas surnagé c'était en vertu des lois de la pesanteur.

Aujourdhui le gars n'a plus la moindre foi dans les oracles de la source.

— Mais, hasardai-je, il y a dans ce pays bien d'autres superstitions à combattre : *l'épaulée*, par exemple.

L'Epaulée, me répondit monsieur le curé, n'est pas une superstition.

C'est simplement une question de boucherie.

— De boucherie ?

— Oui, le futur est chargé de fournir le rôti du repas qui a lieu la veille du mariage, or cette pièce qui est d'un certain poids, s'apporte sur l'épaule ; de là *l'Epaulée.*

Et le *fouet de chat !*

Le *fouet de chat*, reprit en souriant le pasteur, c'est un sarcasme plus sot que méchant à l'adresse des femmes qui entrent en ménage.

Mais, vous êtes de la noce, la satire y sera mise en action, je ne vous en dirai pas plus long pour vous laisser le plaisir de la surprise.

En effet je ne me doutais guère de la scène burlesque, à laquelle il me fut donné d'assister le surlendemain, mais j'ai beaucoup d'autres choses à raconter, et je dois procéder par ordre.

La journée qui précéda celle du mariage fut des plus agitées.

Il s'agissait premièrement de transporter le trousseau d'Yvonne dans la maison de son futur, et cette opération se fait dans la basse Normandie avec une certaine solennité.

Le fiancé, portant sur l'épaule le quartier de veau traditionnel, était venu de grand matin frapper à la porte du manoir.

On avait fait tout d'abord et selon l'usage quelques cérémonies pour lui ouvrir, mais il avait prononcé le mot de passe, non pas *Sésanne ouvre-toi,* mais tout simplement : j'apporte *l'Epaulée,* et sans plus de difficulté on l'avait introduit dans la cuisine où il s'était déchargé de son fardeau.

Alors sans perdre de temps, aidé des gens de la maison, il s'occupa à placer sur une grande charrette tout ce qui composait le trousseau de sa femme, une grande armoire en noyer toute neuve, un vieux bahut sculpté, meuble de famille, quelques chaises de paille, un coucou dans sa gaîne, des paquets de linge et enfin, surmontant le tout, une magnifique quenouille garnie de chanvre et ornée de longs rubans multicolores.

Pendant qu'on se préparait à partir, on vit arriver successivement les parents et amis des futurs époux, tous en habits de fête, et porteurs des cadeaux destinés au jeune ménage.

En basse-Normandie comme en Bretagne, on n'attache aucun prix aux futilités si recherchées dans les pays moins primitifs, on préfère, et avec raison, les présents utiles. Aussi, la batterie de cuisine joue-t-elle un grand rôle en pareille circonstance.

On me fit remarquer un cousin du marié portant sur sa tête un énorme chaudron de fonte, tandis qu'un autre faisait briller au soleil une belle bassinoire en cuivre.

Je ne crois pas nécessaire de détailler ici les nombreux ustensiles qui me passèrent devant les yeux, je me contenterai d'affirmer qu'on n'avait rien oublié en fait de choses utiles, car j'aperçus sous le bras d'un loustic, qui en faisait parade, certain vase dont on me permettra de taire ici le nom.

La voiture une fois chargée, chacun choisit sa compagne, le ménétrier du bourg prit la tête du cortége et la noce se mit en marche au son du violon.

Mais ce trajet à parcourir, du manoir à la maison du futur, ne devait pas s'accomplir sans de nombreux temps d'arrêt. De distance en distance, des espèces de barricades dressées en travers la route interceptaient le passage.

Hâtons-nous de le dire, ces barricades

improvisées n'étaient ni menaçantes, ni bien formidables, elles consistaient en une rangé de tables chargées de pots de cidre et défendues par d'aimables indigènes avec lesquels, avant de passer outre, il fallait, bon gré malgré, trinquer et boire à la santé des futurs époux.

Quand les pots étaient vides on s'empressait d'enlever les tables ; le violoniste grimpait sur un banc, et avant de repartir on dansait quelques instants, sans s'inquiéter le moins du monde de l'inégalité des pavés, ni de la poussière du chemin.

Si j'avais été seul, attiré par ce spectacle si nouveau pour un parisien, j'aurais sans doute accompagné la noce jusqu'à son retour, quitte à ce qu'on me fît avaler de force quelques verres de cidre, mais j'avais offert mon bras à mademoiselle Octavie, et de peur de compromettre sa dignité de dame chanoinesse, elle se contenta d'assister de loin à la première station qui eut lieu dans le voisinage du manoir.

Le fermier, de monsieur de Gallery, devait du reste compter beaucoup d'amis dans la localité, car le cortége, arrêté presque à chaque pas, ne revint au logis que dans la soirée et tout juste à temps pour faire honneur au repas dont le parrain d'Yvonne faisait les frais.

Monsieur de Gallery avait d'abord eu l'intention d'assister au festin, mais en remarquant la surexcitation qui régnait dans l'assemblée, il jugea à propos de s'abstenir, et de réserver pour le lendemain.

En effet il avait promis à son fermier, que le jour des noces nous irions tous nous asseoir à sa table.

Quand, le lendemain, je me rendis à la mairie de Mantilly, en qualité de témoin, je revis mon compagnon de patache. Cette fois, il avait ceint l'écharpe tricolore, et paraissait tout fier des fonctions qu'il avait à remplir. Il daigna me saluer d'un air proctecteur, mais j'affectai de ne pas le reconnaître et il en parut vivement froissé, comme aussi de me voir, malgré ses avertissements charitables, en compagnie de celui dont le père *avait tué un homme*.

La petite Yvonne était vraiment charmante dans son costume de mariée, mais un étrange changement s'était opéré dans sa démarche, si leste et si gracieuse, la veille encore; la pauvre enfant paraissait, ce matin-là, marcher avec une extrême difficulté.

— Il me semble que la mariée boite, dis-je à voix basse à Mlle de Galery, est-ce qu'elle se serait blessée?

— Je ne le crois pas, me répondit-elle, et si je ne me trompe, la gêne qu'elle éprouve ne sera que momentanée.

— Vous croyez en connaître la cause.

— Je crois du moins la deviner, et en rentrant, je vais m'assurer du fait.

Le fait est, suivant moi, assez original pour être consigné ici.

En vertu d'un usage, dont l'origine se perd dans la nuit des temps, mais qui est encore en vigueur dans certaines contrées de la basse Normadie, le garçon d'honneur du futur a pour mission de glisser en cachette dans l'un des souliers de la mariée ce qu'on appelle un *Joyeux don*, et ce *Joyeux don* consiste en une petite pièce d'argent dont l'épaisseur est à peine appréciable.

Ce jour-là le parrain d'Yvonne ayant voulu

faire largement les choses avait consacré au susdit usage une belle pièce de vingt francs toute neuve et l'avait remise au garçon d'honneur qui en connaissait l'emploi.

L'or est chose rare au village et celui qui reçut le *Joyeux don* destiné au soulier d'Yvonne trouva la pièce si attrayante qu'il jugea à propos de se l'approprier, en échange, bien entendu, de la même valeur représentée par quatre pièces de cinq francs en argent, mais sans réfléchir aux suites fâcheuses d'une pareille substitution.

En sortant de la mairie on était revenu au manoir, et quand la noce partit pour l'église. je constatai avec plaisir que la gentille Yvonne avait cessé de boiter.

Mademoiselle Octavie avait deviné la véritable cause de sa claudication et y avait porté remède.

Après la bénédiction nuptiale, parents et amis se rendirent à la ferme où le repas de noce était préparé. Monsieur de Gallery, suivant sa promesse, devait y prendre part avec sa famille, je me trouvais donc naturellement au nombre des invités.

Habitué au confortable des maisons parisiennes, je ne me faisais aucune idée de la simplicité patriarcale des fermiers bas-Normands.

La pièce où se trouvait dressée la table du festin était au niveau d'une vaste cour encombrée de fumier et peuplée de volailles de toutes espèces.

Au lieu de plancher, la terre battue, au plafond de lourdes solives, d'étroites fenêtres sans rideaux, et des murs blanchis à la chaux, tel était le luxe qui régnait dans la salle à manger de l'un des plus riches fermiers du canton.

Quant au service de la table, il était à l'avenant. Des couverts de fer étamé et des tasses en guise de verres.

Mais ce qui attira tout d'abord mon attention, ce fut une rangée de branches de genêt placées symétriquement à la droite de chaque convive.

Désireux d'avoir l'explication de cette profusion inusitée de verdure, je cherchais des yeux à qui je pourrais m'adresser pour obtenir ce renseignement, quand j'avisai le notaire de Mantilly avec qui j'avais fait connaissance au manoir.

Monsieur Gabriel Barrabbé établi depuis quelques trente ans dans la commune offrait le véritable type du tabellion de village.

Toujours prêt à exercer son ministère, chez ses clients, dans son étude comme le long des chemins, il avait constamment une plume d'oie derrière l'oreille, et un petit encrier de corne suspendu à la boutonnière de son habit.

Ce digne homme avait eu dans sa vie deux grandes passions, le notariat et sa *bougresse* (c'est le nom d'amitié qu'il donnait à madame son épouse,) mais sa première passion faisait du tort à la seconde, car l'officier ministériel, que mademoiselle de Gallery avait surnommé *Philémon,* paraissait souvent absorbé par les préoccupations de sa charge, et *Baucis* en était jalouse.

Cependant, s'il était permis d'adresser à madame Barrabbé quelques reproches au sujet de certaines exigences matrimoniales peu compatibles avec les fonctions de son mari, on conviendra cependant que parfois elle s'était trouvée en droit de se plaindre, notamment le jour où l'ayant emmenée le matin à la foire de Domfront où elle avait quelques emplettes à faire, le notaire l'oublia le soir dans une auberge de la ville et ne s'aperçut de son étourderie qu'en rentrant à la maison.

Ce fut à ce parfait notaire, mais trop oublieux conjoint, que j'allai demander l'emploi de ces branches de genêt qui m'intriguaient si fort.

— C'est pour *le chat,* me répondit-il, en haussant les épaules.

— Quel *chat !*

— Mais vous le savez, bien *le fouet de chat.*

Puis impatienté que je n'aie pas l'air de comprendre.

—Je vois bien, ajouta-t-il, que vous ne connaissez pas les usages du pays, moi je trouve *le fouet de chat* absurde, inconvenant, et quand j'épousai ma *bougresse,* j'ai refusé net d'en passer par là, et je vous prie de croire que je ne m'en suis pas trouvé plus mal.

— Mais, pour l'amour de Dieu, m'écriai-je, expliquez-moi donc une bonne fois.

— Inutile, voilà qu'on se met à table, placez-vous en face des mariés et faites ce que vous me verrez faire, car il y va de vos yeux.

Le moment était donc venu où j'allais jouir de la surprise dont m'avait parlé monsieur le curé et j'avoue qu'il était temps que cela finît, car j'étais à bout de patience, et je commençais à croire que tout le monde s'entendait pour faire *poser* le parisien.

Il n'en était rien cependant, je me plais à le reconnaître, et pour ceux qui avaient déjà assisté à des repas de noce, les choses suivaient la marche ordinaire.

Quand le père du marié, beau et grand vieillard à cheveux blancs, eut achevé de dire le *benedicite* qu'il prononça à haute voix, on vit tout à coup entrer dans la salle un des garçons d'honneur portant un sac de toile qui, au premier abord, paraissait presque vide, mais quand il eut déposé le sac au milieu de la table je m'aperçus, aux brusques secousses qui lui étaient imprimées de l'intérieur, qu'il contenait un animal quelconque.

Le jour commençait à se faire dans mon esprit.

Le chat ! dis-je à mon voisin le notaire qui déjà, tenait à la main sa branche de genêt.

— Parbleu, me répondit-il, je le sais bien, mais prenez donc votre *fouet.*

Ce dernier mot était une révélation, *le fouet de chat,* je savais maintenant qu'il allait y avoir une exécution, mais à quelle fin ? Dans quel but ? Je me creusais la tête pour trouver le mot de l'énigme quand des clameurs étourdissantes retentirent de tous côtés.

On avait dénoué les cordons du sac et un énorme matou venait de s'en échapper en poussant d'affreux miaulements.

Le pauvre animal affolé chercha d'abord à s'enfuir, mais cerné de toutes parts, repoussé par chaque convive à grands coups de branches, il fit plusieurs fois le tour de la table sans parvenir à trouver une issue. Puis enfin, profitant d'un instant où le marié se penchait pour embrasser sa femme, l'animal prit son élan, sauta par-dessus sa tête et aux applaudissements frénétiques de l'assemblée disparut par une fenêtre restée ouverte à dessein.

Maintenant, ami lecteur, voilà le fin mot de la chose.

Lorsqu'une femme entre dans la maison, la malice s'y glisse avec elle, et le seul moyen d'expulser du logis cette compagne inséparable de la plus belle moitié du genre humain, c'est de la faire passer dans le corps d'un chat, dont il est toujours possible de se débarrasser.

Monsieur le curé me l'avait bien dit, *le fouet de chat*, satire sotte et méchante à l'adresse des femmes qui entrent en ménage.

Le lendemain des noces, je repris le chemin de Paris, mais non sans avoir promis à la famille de Gallery de revenir chaque été passer quelques jours au manoir.

Je fus fidèle à ma parole, et dès l'année suivante, j'avais l'honneur de tenir sur les fonts baptismaux avec madame la Chanoinesse, une grosse et belle petite fille qui reçut le nom d'Yvonne en souvenir de son aïeule et des ruines de l'Abbaye.

FIN DES MÉMOIRES D'UN PROSCRIT

LA MÉMOIRE DU CŒUR

LA
MÉMOIRE DU CŒUR

I

Il existait autrefois à l'extrémité de la terrasse du bord de l'eau, aux Tuileries, de délicieux quinconces faisant face à la place de la Concorde ; et, adossés à des massifs d'arbrisseaux, enchassés, pour ainsi dire, dans la verdure, se trouvaient déjà à cette époque, deux bancs circulaires, peu fréquentés pendant le jour, mais très recherchés par les habitués du jardin à l'heure du soleil couchant.

Au moment où commence notre récit, la terrasse en question est encore solitaire, car en général les parisiens se promènent peu le matin, et sept heures seulement venaient de sonner à l'horloge du palais habité par le roi Louis XVIII.

Cependant, un des bancs circulaires dont nous venons de parler, celui qui se trouve à gauche et le plus rapproché du quai, est déjà occupé.

Si le jeune homme qui vient de s'y asseoir a eu l'intention de fuir ses semblables, le lieu était bien choisi; cependant sa solitude allait être bientôt troublée.

En effet, un homme d'un certain âge et portant un livre sous le bras, arrivait presqu'en même temps que lui.

Ce second promeneur matinal était du reste un habitué de l'endroit; chaque matin, à l'ouverture du jardin, on aurait pu le voir venir par la rue de Bourgogne, traverser la Seine et se diriger vers la grille du pont tournant, d'où il gagnait la terrasse pour aller prendre place, non pas au hasard, sur l'un des deux bancs circulaires adossés au bosquet, mais précisément, sur celui, qu'à son grand désappointement, il allait trouver, cette fois, occupé par un instrus.

Le jeune homme qui va devenir le héros de cette histoire était plongé dans de profondes réflexions qu'il n'avait nullement conssience de ce qui se passait autour de lui, sans cela il eût très certainement remarqué les regards furibonds que lui lançait en passant et repassant devant le banc sur lequel il était assis, le personnage que nous venons de faire entrer en scène.

S'il n'eût pas été momentanément dans l'autre monde, il eût aussi pu entendre les malédictions envoyées à son adresse par l'individu qui se livrait en face de lui à un exercice familier aux ours du jardin des plantes.

— Maladroit! grommelait entre ses dents le nouveau venu... se permettre de prendre ma place..... Car enfin, c'est mon banc, et il pouvait tout aussi bien en choisir un autre...

— Si ce n'est pas honteux, un garçon de son âge, perdre ainsi son temps.

« Evidemment ce doit être un paresseux, un pas grand'chose. »

Le lecteur trouvera peut-être étrange cette prétention du vieillard à occuper seul le banc sur lequel, dans la belle saison, il venait chaque matin méditer quelques chapitres de ses auteurs favoris ; mais, nous prendrons la liberté de lui faire observer, que très souvent en avançant en âge on contracte certaines manies qui, toutes bizarres qu'elles puissent paraître, n'en sont pas moins respectables ; or la manie du personnage dont nous nous entretenons consistait à accaparer le susdit banc auquel il avait donné la préférence.

C'est ce qui explique pourquoi ce jour-là, au lieu d'aller tout simplement s'installer ailleurs, il quitta brusquement la terrasse momentanément envahie.

CHAPITRE II

Faisons maintenant plus ample connaissance avec le jeune homme qui bien innocemment vient de causer à autrui une véritable déception.

Gustave de Nantrais, son père, appartenait à l'une des plus anciennes familles de Normandie et avait épousé la fille unique d'un armateur de Granville.

Séduits par les apparences, les parents de Geneviève croyant faire faire à leur fille un riche mariage n'avaient pas hésité à accorder sa main au noble prétendant qui semblait leur offrir toutes les garanties désirables pour le bonheur de leur enfant.

En réalité la pauvre Geneviève avait été sacrifiée.

Fiancée depuis longtemps à Henri Hamelin son ami d'enfance et pour lequel elle éprouvait une sérieuse affection, elle avait dû, par obéissance, rompre brusquement avec celui auquel elle se croyait destinée et contracter avec un autre l'union qui lui était imposée.

Gustave de Nantrais avait hérité d'une fortune considérable, mais à l'époque où il demanda la main de Geneviève, son patrimoine était déjà en grande partie dévoré, et le reste de ce qu'il possédait encore, devait bientôt disparaître dans le gouffre où s'engloutirent quelques années plus tard, avec la dot de sa femme, tous les biens qui lui revinrent après la mort de ses parents.

Le mari de Geneviève était joueur et joueur effréné.

Quand il fut surpris par la mort, de Nantrais était entièrement ruiné, et cependant il avait un enfant, un fils âgé de douze ans, dont l'avenir ne l'avait aucunement préoccupé.

La triste veuve vendit ses bijoux pour payer les dettes de son indigne époux ; ce devoir rempli, il ne lui resta plus qu'une faible somme qu'elle résolut de consacrer entièrement à l'éducation de son fils Edouard ; et celle, qui jusqu'à cette époque avait vécu dans l'aisance, en fut réduite à pourvoir par le travail de ses mains, aux différents besoins de son modeste ménage.

Jusqu'à l'âge de dix-huit ans, Edouard resta près de sa mère, il fit toutes ses études au collége d'Avranches dont il suivait les cours en qualité d'externe.

Ce furent les plus heureuses années de la pauvre Geneviève ; car, les caresses de son cher enfant la dédommageaient amplement des sacrifices qu'elle s'était imposés.

Aussi lui fallût-il un grand courage pour se décider à se séparer de son fils, lorsque le moment fut venu de l'envoyer faire son droit à Paris.

CHAPITRE III

Edouard habitait la capitale depuis six mois environ, quand il apprit par un de ses camarades de collége, arrivé depuis peu d'A-vranches, qu'au moment de son départ Madame Gustave de Nantrais était assez gravement malade.

On comprendra facilement quelle dût être son inquiétude, et il allait partir pour se rendre auprès de sa mère, lorsqu'il reçut à la fois, et la nouvelle de sa mort, remontant déjà à quelques jours, et une lettre conçue en ces termes.

Mon cher Enfant,

« Les sombres pressentiments que j'éprou-
» vais quand nous nous séparâmes ne m'ont
» pas trompée, car ils me disaient que je ne
» devais plus te revoir.

» Malgré mes souffrances, je regrette la
» vie, oui mon cher fils, il n'est pas un de
» mes chagrins dont tu n'aies adouci l'amer-
» tume, et je te dois les seuls instants de bon-
» heur que j'aie goûtés sur la terre.

» Oh ! répète-toi souvent : j'ai rendu ma
» mère heureuse.

» Que cette douce pensée t'accompagne
» tant que tu vivras et te console de m'avoir
» perdue.

» Mon notaire te fera passer à Paris le
» peu d'argent qui nous reste. C'est hélas
» une bien faible somme, mais en la ména-
» geant, elle te suffira, sans doute, pour at-
» tendre le moment où tu trouveras un
» emploi.

» S'il en était autrement, mais dans ce cas seulement que je dois prévoir, informe-toi d'un ancien ami de ma famille fixé dans la capitale depuis bien des années. Il se nomme Henri Hamelin et doit exercer la profession d'avocat. Tu te présenteras chez lui de ma part, et, quand tu lui auras dit mon nom, s'il a *la mémoire du cœur,* il ne refusera pas, je l'espère, de te servir de protecteur, mais je te le répète, n'emploie cette suprême ressource qu'à la dernière extrémité.

» Adieu, mon bien-aimé, ne t'écarte jamais du chemin de l'honneur et mets toujours ta confiance en Dieu. Ce sont les derniers avis de celle qui va t'attendre là-haut. »

La lecture de cette lettre déchira le cœur d'Edouard, il baisa mille fois en l'arrosant de ses larmes les caractères tracés par la main défaillante de sa pauvre mère et pendant longtemps il fut inconsolable.

CHAPITRE IV

Tout en achevant son droit il avait vainement cherché à se faire admettre dans une étude de notaire ou d'avoué, mais ne pouvant se recommander de personne il s'était vu partout éconduit poliment.

Cependant, sa bourse s'épuisait chaque jour, et il songeait avec inquiétude qu'un moment viendrait où il se trouverait sans ressources.

Quant à s'enquérir de la personne dont

sa mère lui parlait dans sa lettre, il n'y avait pas un seul instant pensé. C'était à la dernière extrémité qu'il devait avoir recours à ce protecteur inconnu, et c'eût été, suivant lui, contrevenir aux dernières volontés de celle dont il pleurait chaque jour la perte, que de réclamer l'assistance d'un étranger tant qu'il n'aurait pas épuisé tous les moyens en son pouvoir pour se créer une position.

Or, le matin où nous l'avons rencontré pour la première fois sur la terrasse des Tuileries, il venait de prendre la résolution d'aller frapper à la porte des différents ministères pour y solliciter un emploi. Aussi, rentré chez lui il passa le reste de la journée à rédiger des pétitions.

Nous avons quitté le personnage dont, sans le vouloir, il avait pris la place, au moment où n'ayant pas pu occuper seul son banc favori, il avait pris le parti de battre en retraite. Hâtons-nous de dire que l'irritation mal contenue du vieil habitué de la terrasse n'avait pas tardé à se calmer.

En effet la réflexion lui prouva bientôt que le jeune homme était parfaitement dans son droit.

— D'ailleurs, se disait-il tout en marchant, c'est évidemment le hasard qui l'a conduit sur mon banc et pourvu qu'il n'y revienne pas demain..

— Allons, allons, oublions ces enfantillages et pensons maintenant aux affaires sérieuses.

Si nous suivons notre vieillard jusqu'au palais vers lequel il se dirige, nous le verrons tout à l'heure entrer par le grand vestibule du pavillon de l'horloge, puis, gravir sans façon les degrés de l'escalier d'honneur conduisant à la salle du Conseil.

Il paraît que ce personnage mystérieux jouit dans la résidence royale d'une certaine considération, car les huissiers de service s'empressent de lui ouvrir les portes en lui prodiguant les marques du plus profond respect.

Quand nous aurons recueilli sur son compte les renseignements qui nous manquent, nous nous empresserons de les communiquer au lecteur.

D'ici là, nous ne pouvons que lui conseiller de prendre patience et lui certifier que notre curiosité égale au moins la sienne.

CHAPITRE V

En attendant, transportons-nous au lendemain où nous allons assister à une scène presque semblable à celle que nous avons décrite au début de cette histoire et qui va se passer à la même heure, dans le même lieu, entre les mêmes personnages, mais qui se terminera par un tout autre dénouement.

— Ah ! C'est par trop fort, s'écriait le vieillard avec lequel nous avons fait connaissance, en constatant avec stupeur que le banc qu'il convoitait était déjà occupé comme la veille.

— Comment, jeune homme, c'est encore vous... mais vous n'avez donc rien à faire ?

. . . .

Celui auquel s'adressait cette rude apostrophe et qui n'était autre que l'étudiant originaire d'Avranches, leva la tête et voyant devant lui un personnage à cheveux blancs ôta poliment son chapeau.

— Vous avez deviné juste, Monsieur, répondit-il, je n'ai rien à faire mais je vous proteste que ce n'est pas faute d'avoir cherché un emploi.

L'accent du jeune homme, le son de sa voix et surtout l'expression de son regard semblèrent produire sur le vieillard une profonde impression.

Sa figure contractée d'abord par la vive contrariété qu'il éprouvait, se rasséréna soudain. Il s'approcha du jeune homme, le fixa quelques instants sans rien dire, puis enfin prenant place à côté de lui, il lui adressa plusieurs questions auxquelles, par déférence sans doute pour celui qui l'interrogeait, Edouard crut devoir répondre.

La jeunesse est naturellement confiante et

communicative, aussi au bout d'un quart d'heure à peine, le vieil habitué de la terrasse avait si adroitement provoqué ses confidences qu'il connaissait toute son histoire.

Il avait appris son nom, le lieu de sa naissance, et les motifs qui l'avaient amené dans la capitale. Il savait qu'il était orphelin, sans fortune, et à la recherche d'une position, il savait de plus qu'il habitait le quartier Latin et qu'il commençait toutes ses journées par aller entendre la messe à Sainte-Geneviève. Car en entrant dans Eglise qui porte le nom de sa mère, il lui semblait se rapprocher de celle qu'il avait tant aimée.

Edouard lui avait aussi confié que, tout entier à ses études, il n'avait contracté à Paris aucune liaison, qu'il ne fréquentait ni les théâtres, ni les endroits publics et que ses seules distractions, après la peinture, pour laquelle il avait un goût prononcé, consistaient dans quelques promenades matinales au Jardin des Plantes ou au Luxembourg. C'était donc par exception qu'il était venu deux jours de suite jusqu'au jardin des Tuileries.

On conviendra d'après ce qui précède,

qu'Edouard de Nantrais pouvait passer pour un modéle de sagesse, et du reste ce devait être l'opinion de sa nouvelle connaissance qui le contemplait avec admiration.

Tout en parlant de sa mére, le jeune homme avait sorti de son portefeuille sa derniére lettre et il l'avait présentée toute ouverte à celui qui du premier abord lui avait inspiré tant de confiance et auquel il n'avait plus rien à apprendre.

— Alors, lui dit le vieillard vous n'avez pas encore cherché à découvrir ce monsieur Henri Hamelin dont vous parle madame votre mére.

— Non, réprondit Edouard,.... et tant qu'il me restera quelqu'espérance.

— Mais.... à propos, ces pétitions que vous vous proposez d'adresser aux ministres.

— Les voici. Je suis sorti ce matin pour les porter moi-même.

— Donnez-moi celles du faubourg Saint-Germain ; je les remettrai à destination en rentrant chez moi. Vous, pendant ce temps, vous irez à la marine et au boulevard des Capucines où se trouve le ministère des affaires étrangères.

Edouard accepta avec reconnaissance cette proposition, et il allait prendre congé de l'obligeant vieillard quand celui-ci lui dit en lui pressant affectueusement les mains :

— J'espère, jeune homme, que nous nous reverrons, et j'apprendrai avec plaisir ce qui pourra vous arriver d'heureux.

— Presque tous les matins, quand le temps le permet, je viens passer une heure sur cette terrasse. Quand vous voudrez me rencontrer dirigez de ce côté votre promenade et, ajouta-t-il en souriant, je serai toujours heureux de partager avec vous ce banc que j'avais considéré jusqu'à ce jour comme ma propriété exclusive.

CHAPITRE VI

Il y a loin de la coupe aux lèvres, il y a également loin de la terrasse des Tuileries au boulevard des Capucines, et si l'on ne vide pas toujours la coupe que l'on vient de remplir, il arrive aussi parfois qu'on ne peut achever le chemin qu'on avait à parcourir.

C'est ce qui devait arriver ce jour-là à Edouard de Nantrais.

Après avoir déposé une de ses pétitions chez le concierge du ministre de la marine, il se dirigeait vers la place Vendôme pour gagner de là le ministère des affaires étrangères, quand à l'entrée de la rue Castiglione il se trouva face à face avec un compatriote, le père Colombet, locataire d'une ferme située aux environs d'Avranches.

Ce brave homme était arrivé le matin même à Paris pour s'entendre avec son propriétaire au sujet d'un renouvellement de bail.

C'était la première fois qu'il mettait le pied dans la capitale et il se croyait perdu au milieu de la foule qui s'agitait autour de lui, aussi s'empressa-t-il de se cramponner au bras du jeune homme dont il réclama l'assistance.

Comme il ne s'agissait que de le conduire chez celui dont il faisait valoir les terres, Edouard ne crut pas pouvoir lui refuser ce service, et quoique la demeure du propriétaire du père Colombet fût dans un quartier tout opposé à celui où il avait affaire, il s'exécuta de bonne grâce et se mit en route avec son compagnon.

Mais quand après une grande heure de

marche ils arrivèrent enfin chez le susdit propriétaire, le concierge leur apprit que son maître était parti la veille pour la Normandie.

Colombet s'était croisé en route avec celui qu'il venait trouver à Paris.

On comprendra facilement le désappointement du pauvre bon homme. Aussi par bonté d'âme, et pour couper court à ses lamentations, Edouard lui offrit de lui tenir compagnie pendant le reste de la journée, et même jusqu'au moment de son départ, qui faute de voiture, ne pouvait avoir lieu que le lendemain.

Il le promena donc dans les rues de Paris, lui faisant visiter sucessivement les églises et les monuments publics; puis quand la nuit fut venue il l'emmena rue des Grés et lui fit partager sa chambre.

Quant à la lettre qu'il avait eu l'intention de porter au ministère des affaires étrangères, il l'avait complétement oubliée et cela se comprend, il avait tant de questions à adresser au père Colombet; le brave homme avait connu sa mère et assisté à ses obsèques, car en qualité de voisin, il avait accompagné la pauvre morte jusqu'à sa dernière demeure.

C'était pour le triste orphelin un sujet de conversation intarissable. Aussi son camarade de lit dormait déjà d'un profond sommeil qu'Edouard l'interrogeait encore.

CHAPITRE VII

Trois jours environ après le départ du père Colombet, Edouard rentrait le soir rue des Grés, quand son hôtesse lui remit un large pli cacheté de rouge qu'un cavalier avait apporté pour lui dans la journée.

Cette missive, qui lui fit battre le cœur et qu'il s'empressa d'ouvrir, lui annonçait que sa demande d'emploi avait été accueillie et qu'en considération des excellents renseignements recueillis sur son compte, il était admis dans les bureaux du ministère des affaires étrangères en qualité de surnuméraire.

Edouard ne pouvait en croire ses yeux, c'était le ministre des affaires étrangères qui lui répondait, et il venait de se rappeler tout à coup que la pétition qu'il avait eu l'intention de lui adresser était encore dans la poche de son habit.

Cependant le pli était bien à son adresse monsieur Edouard de Nantrais, hôtel de la Quenouille, rue des Grès, N° 7.

Il n'y avait donc pas de doute possible, une grande faveur lui était accordée, mais chose incompréhensible, justement par le ministre auquel il n'avait rien demandé.

Il se mit au lit sans être parvenu à pénétrer ce mystère, et toute la nuit il rêva du vieillard qui s'était chargé de ses autres pétitions.

S'étant rappelé à son réveil qu'il lui avait promis de le tenir au courant du résultat de ses démarches, il crut devoir aller ce matin-là, jusqu'au jardin des Tuileries où il était presque certain de le rencontrer.

En effet, il trouva sa nouvelle connaissance installée à sa place ordinaire, en compagnie d'un livre qui semblait beaucoup l'intéresser. En entendant quelqu'un s'approcher de son banc, notre lecteur ne put réprimer un mouvement d'impatience, mais dès qu'il reconnut le jeune homme, il lui tendit cordialement la main.

— Vous ne m'avez donc pas oublié lui dit-il, en le faisant asseoir près de lui. Est-ce que par hasard, vous auriez quelque bonne nouvelle à m'apprendre.

— Je viens vous annoncer, répondit Edouard, que je suis attaché au ministère des affaires étrangères.

— Ah ! vraiment s'écria le vieillard paraissant agréablement surpris.

— Mais, chose étrange, reprit le jeune homme, j'ignore à qui je suis redevable d'une pareille faveur, car par suite de ma négligence, la pétition que je devais porter au boulevard des Capucines est encore entre mes mains.

— Pouvez-vous me dire comment il peut se faire qu'on réponde à une demande qui n'a pas été faite?

Cette question parut d'abord embarrasser un peu celui à qui elle s'adressait, mais après quelques instants d'hésitation.

— Cela peut s'expliquer ainsi, dit-il au jeune homme.

— A Paris, les places sont rares, les solliciteurs nombreux ; or, supposons qu'un des ministres auxquels vous vous êtes adressé ait entendu parler de votre famille, dont le nom est très connu en Normandie, et désiré en cette circonstance vous être agréable; supposons encore, qu'il n'ait trouvé dans ses bureaux aucun emploi disponible, que pouvait-il faire de mieux que de vous recommander à un de ses collègues; entre ces messieurs, c'est à charge, de revanche, et si le ministre des affaires étrangères vous admet aujourd'hui dans ses bureaux, un autre, sur sa demande, entrera demain à l'agriculture ou aux finances.

— Je comprends parfaitement, dit Edouard en soupirant, mais alors je ne saurai jamais au juste à qui je dois de la reconnaissance.

— Il est un moyen, ajouta le vieillard, de vous acquitter envers celui qui s'est occupé de votre avenir, car il ne peut manquer de s'informer de son protégé, c'est de justifier par une conduite exemplaire la bonne opinion qu'a dû faire concevoir de vous sa recommandation.

— Vous allez vivre désormais dans un milieu qui vous est encore inconnu, vous trouver en contact avec des jeunes gens de différents caractères ; or il y a dans ce monde de bonnes et mauvaises natures ; rapprochez-vous des unes, et tenez-vous éloigné des autres ; au surplus, les principes que vous tenez de votre vertueuse mère vous serviront de sauvegarde et….. si parfois vous avez besoin d'un conseil, ne craignez pas d'avoir recours à ma vieille expérience.

Si la jeunesse s'appuyait toujours sur ceux qui ont passé par les épreuves de la vie, elle ferait moins de folies et s'épargnerait bien des regrets.

En quittant le digne homme dont il se promettait de suivre les avis paternels, Edouard se rendit à l'hôtel du boulevard des Capucines où il fut gracieusement accueilli par le secrétaire particulier du ministre.

CHAPITRE VIII

Mis de suite en rapport avec ceux dont il allait devenir le camarade il n'eut qu'à se louer de leur manière d'agir à son égard.

Parmi les employés qui lui firent dès le premier jour mille avances, il en distingua deux qui lui furent particulièrement sympatiques.

L'un se nommait Jules de Richemont, l'autre Philippe Raimbaut.

Jules de Richemont était parent de son excellence le ministre de l'intérieur et Philippe Raimbaut avait pour Père un des plus riches industriels d'un département du Nord.

A côté de ses élégants camarades dont la mise était toujours irréprochable, Edouard ne pouvait que faire triste mine ; ses vêtements que, par économie, il faisait durer le plus longtemps possible, étaient, il est vrai, d'une extrême propreté, mais nullement à la mode du jour et en fait de garde-robe, il ne possédait que les habits qu'il avait sur le corps. Il n'était donc pas surprenant qu'au bout d'un mois, de Richemont qui, dès les premiers jours, lui avait offert de le présenter à sa famille, n'eut encore pu le décider à l'accompagner chez sa mère, malgré l'assurance qu'il lui donnait qu'il y serait on ne peut mieux accueilli.

Edouard avait toujours quelque prétexte à mettre en avant pour se dispenser d'accepter ses invitations et ce ne fut que beaucoup plus tard, qu'à bout de bonnes raisons à donner, il se décida à avouer à son camarade qu'il n'avait pas de toilette convenable pour aller dans le monde et que ses moyens ne lui permettaient pas d'en faire la dépense.

Cet aveu qui lui coûta beaucoup, parut vivement étonner de Richemont et il fit mille excuses à son nouvel ami de l'avoir mis, par ses maladroites instances, dans la nécessité de lui faire une pareille confidence.

— Je ne vous tourmenterai plus à ce sujet, lui dit-il, en lui serrant la main. Espérons des temps meilleurs, et en attendant, soyez bien persuadé que vous serez toujours le bien-venu chez ma mère.

CHAPITRE IX

On parlait déjà à cette époque d'une grande soirée que madame de Richemont devait donner, au commencement de l'hiver, à l'occasion de la fête de sa fille, et un jour, Jules Raimbaut demanda à de Nantrais s'il assisterait à cette fête de famille.

— Je ne crois, pas lui répondit le jeune homme.

— Vous auriez tort de manquer une pareille occasion, dit alors le fils du fabriquant de draps, et si j'étais à votre place... mais je ne suis pas comme vous dans les bonnes grâces de Gustave.

— Comment, est-ce que vous ne serez pas invité?

— On s'en garderait bien.

— Pourquoi donc?

— Parbleu, parce que je n'ai pas comme vous une particule devant mon nom.

— Quelle idée!

— Annoncez donc dans le salon de la cousine du ministre: Monsieur Raimbaut tout court... le bel effet que cela ferait... tandis que.. Monsieur Édouard de Nantrais. Oh soyez-en certain, mon cher, c'est à votre nom seul que vous devrez la faveur d'être invité.. Comment expliquer sans cela les amitiés que vous a faites de Richemont dès le premier jour de votre arrivée au ministère? Ce que j'en dis.. ce n'est pas par jalousie, croyez-le bien, je ne tiens nullement à aller dans le grand monde, où l'on ne s'amuse guère, mais je l'avoue, j'aurais été bien aise de faire connaissance avec la merveille des merveilles, mademoiselle Séraphie de Richemont.

— Gustave à donc une sœur?

— Est-ce qu'il ne vous en a jamais parlé?
— Jamais.
— Il en est pourtant assez fier. Moi, je ne la connais que d'après un portrait, mais je déclare que s'il est ressemblant, mademoiselle de Richemont est d'une incomparable beauté.

— Attendez, ajouta Raimbaut, en allant à la table qui servait de bureau à Gustave, vous allez en juger par vous-même, le portrait en question ne quitte pas le tiroir de notre collègue, et puis qu'il est absent.

— Mais, s'écria Édouard, il est peut-être indiscret....

— De contempler la charmante figure de mademoiselle Séraphie! allons donc, entre camarades!

Le portrait qu'on venait de mettre dans ses mains, presque malgré lui, était une délicieuse miniature peinte par un maître de l'époque.

Edouard eût comme un éblouissement.

— Une Vierge de Raphaël, s'écria-t-il!

— Et de plus, un ange de bonté, au dire de monsieur son frère.

— Et si vous ajoutez, aux mille qualités de

cette demoiselle la riche dot qu'elle apportera en se mariant, vous conviendrez que la sœur de notre collègue sera un assez beau parti.

Oh ! si au lieu de m'appeler Raimbaut j'avais nom Édouard de Nantrais !

Oh ! taisez-vous, dit Édouard en rougissant, et après avoir contemplé pendant quelques minutes ce portrait qui semblait le fasciner, il le rendit à Raimbaut sans parvenir à dissimuler la vive émotion qu'il éprouvait.

CHAPITRE X

Quand notre héros revint le soir rue des Grés, il semblait plongé dans une profonde rêverie. Peut-être regrettait-il en ce moment l'impossibilité où il se trouvait d'assister à la soirée de madame de Richemont.

Au lieu de se rendre de suite à sa chambre qui était au premier, Édouard, encore tout pensif, monta lentement les cinq étages de l'hôtel et alla frapper à la porte d'une mansarde habitée par une pauvre vieille femme à laquelle il avait l'habitude de faire chaque soir une petite visite.

Tout le monde, dans le quartier Latin, connaissait la veuve Kergonnou, que les étudiants dont elle raccommodait le linge et ravaudait les chaussettes, avaient surnommée *la mère aux écus.*

Non pas qu'elle fût riche la veuve Kergonnou, mais, comme depuis vingt ans, elle amassait sou par sou, pour se ménager une retraite quand elle ne pourrait plus tenir son aiguille, elle voyait chaque jour grossir son petit magot, et grâce à ses économies, quand une pratique venait lui emprunter une pièce de cinq francs, elle se faisait un plaisir de lui ouvrir sa bourse.

De là venait le surnom de la *mère aux écus*, qui lui avait été donné.

Disons de suite à la louange des étudiants qui, dans un moment de gêne avaient eu recours à elle, qu'aucun d'eux ne lui avait jamais fait banqueroute.

Malheureusement, pour les projets d'avenir de la *mère aux écus*, ses profits n'étaient pas lourds et malgré toutes les privations qu'elle s'imposait, à l'époque où Édouard de Nantrais était venu habiter la rue des Grés, la bonne vieille, qui allait atteindre ses quatre-vingts ans, était encore loin d'avoir réuni la somme nécessaire pour entrer aux petits ménages. Et cependant elle travaillait du matin au soir, souvent même une partie de la nuit.

— Vous devriez au moins vous reposer le dimanche, lui disait un jour sa propriétaire, il n'y a que les parpaillots qui ne vont pas ce jour là à l'église.

— Cela vous est facile à dire, lui avait répondu sa locataire — faites-moi grâce de cinquante deux jours de loyer par an et tous les dimanches, j'irai avec vous à la messe ; mais comme vous n'entendez pas de cette oreille là, permettez-moi, en attendant, de songer au plus pressé, et de vous faire passer avant le bon Dieu qui ne paierait pas mon terme.

Ce propros qui fut répété devant Édouard, lui fit prendre en pitié celle qui l'avait tenu et il lui revint à la mémoire le matin ou il apprit que la *mère aux écus* tombée subitement malade, avait failli mourir pendant la nuit et qu'on venait en toute hâte d'envoyer chercher un médecin.

— C'est avant tout son âme qu'il s'agit de sauver, se dit en lui-même notre jeune homme, et sans perdre un instant, il courut à Sainte-Geneviève et revint presque aussitôt à l'hôtel de la Quenouille, accompagné d'un prêtre.

Le médecin et le confesseur entrèrent ensemble chez la malade ; le premier, pour essayer de prolonger sa vie, le second pour l'aider à mourir en lui prodiguant les consolations suprêmes de la religion.

La pauvre vieille allait apprendre de la bouche du prêtre que la miséricorde de Dieu est infinie et qu'un sincère repentir peut désarmer sa colère.

Le médecin et le confesseur devaient avoir cette fois un égal succès.

La science parvint à triompher de la maladie.

La charité chrétienne sut ramener au bercail, la brebis égarée.

Et si la mère aux écus une fois hors de

danger, eut à adresser des remerciments au docteur auquel elle devait sa guérison, ce fut surtout à celui qui avait concouru à la mettre en paix avec sa conscience qu'elle prodigua les témoinages de la plus vive reconnaissance.

CHAPITRE XI

A partir du moment où elle put se lever et reprendre son travail, la veuve Kergonnou reçut chaque jour la visite d'Édouard auquel elle inspirait un intérêt touchant.

— Je n'oublierai jamais le service que vous m'avez rendu, lui répétait-elle souvent, autrefois les misères de la vie me semblaient sans compensations et souvent je maudissais le sort qui me condamnait à travailler sans relâche, c'est qu'alors on ne m'avait pas encore fait entendre ces paroles consolantes, bien capables de donner du courage aux pauvres gens.

Seront heureux dans le ciel ceux qui auront été malheureux sur la terre.

— « Aujourd'hui loin de me plaindre j'offre au bon Dieu mes souffrances et j'espère que plus tard il m'en tiendra compte là-haut. »

Cependant malgré sa résignation aux décrets de la Providence, la *mère aux écus* éprouvait un vif regret.

Il venait de l'impossibilité où elle se trouvait désormais de compléter la somme qui lui aurait été nécessaire pour entrer dans une maison de retraite.

A la suite de sa maladie, sa vue avait baissé tout d'un coup et ce n'était plus qu'avec la plus grande difficulté qu'elle se servait de son aiguille ; alors ne pouvant plus faire de reprises dans le linge, elle perdit, en peu de temps, ses meilleures pratiques qui portèrent ailleurs leurs chemises et ne lui laissèrent que des bas à ravauder, or le mince produit qu'elle retirait de ce travail ingrat lui suffisait à peine pour sa dépense journalière, et elle se demandait avec inquiétude comment elle ferait à l'avenir pour payer le loyer de sa mansarde.

Edouard, à qui la bonne vieille faisait part de ses pénibles préoccupations, eût été heureux de pouvoir venir à son secours, mais il n'était pas riche, et dans l'impossibilité où il se trouvait de l'aider de sa bourse, il payait de sa personne et lui rendait journellement mille petits services.

C'était lui, par exemple, qui pour lui épargner de descendre et de remonter ses cinq étages, se chargeait d'acheter son sucre, son lait, son café, son tabac, et jusqu'au mouron de son serin.

De plus, comme nous l'avons déjà dit, tous les soirs en revenant du ministère il venait passer quelques instants dans sa mansarde pour lui procurer un peu de distraction.

Il causait avec elle de ses petites affaires ; des commandes qu'elle avait reçues dans la journée et de l'ouvrage qu'elle avait rendu.

Il prenait ensuite ses commissions pour le lendemain, et terminait ordinairement sa visite par la lecture à haute voix d'un chapitre de la Bible.

Ces relations quotidiennes faisaient un bien extrême, à la pauvre ouvrière, dissipaient comme par enchantement les idées noires qui souvent venaient l'assaillir, et lui permettaient, sa prière une fois faite, de s'endormir l'esprit tranquille.

CHAPITRE XII

Un soir, en entrant chez la *mère aux écus* le jeune homme s'aperçut qu'elle avait pleuré.

— Ah ! monsieur Edouard, dit-elle, vous me voyez désespérée, ma vue se perd tout à fait, et bientôt je ne pourrai plus travailler. Aujourd'hui c'est à peine si j'ai pu ravauder deux paires de bas, à vingt-cinq centimes la paire, cela fait juste dix sous que j'ai gagnés. Payez donc avec cela votre nourriture et un loyer de 200 francs.

— Le docteur aurait mieux fait de me laisser mourir il y a deux mois ; au lieu d'avoir l'hôpital en perspective, je serais peut-être maintenant près du bon Dieu. »

Et comme le jeune homme cherchait à la consoler, la veuve Kergonnou ajouta en montrant sa couchette du doigt.

— J'ai bien là, dans ma paillasse un millier de francs, juste la moitié de la somme nécessaire pour entrer aux petits ménages, mais hélas ! maintenant que je ne suis plus bonne à rien, mes pauvres économies vont s'en aller peu à peu et bientôt j'en serai réduite à tendre la main aux passants. Ah ! c'est bien dur d'avoir travaillé toute sa vie pour en arriver là. »

Ce soir-là, de Nantrais regagna sa chambre tristement impressionné, aussi rêva-t-il toute la nuit de la *mère aux écus*, mais chose étrange, au lieu de la retrouver en songe comme il l'avait laissée dans sa mansarde, triste et découragée, il la revoyait transfigurée, radieuse, appuyée sur le bras d'un ange ; et cet ange avait le front ceint d'une auréole sur laquelle se détachait en lettres de feu le nom de *Séraphie*.

Séraphie.... pourquoi ce nom plutôt qu'un autre.... il eût fallu pouvoir lire au fond du cœur de l'orphelin pour éclaircir ce mystère.

Le matin, en ouvrant les yeux, notre héros resta pendant quelques instants sous l'empire de la profonde émotion que lui avait causée l'apparition de la nuit, et il se demandait encore s'il était bien réveillé, lorsqu'il aperçut sur sa cheminée une lettre arrivée de la veille, et à laquelle en rentrant le soir, il n'avait pas fait attention.

Qu'on juge de sa surprise quand il constata que le pli renfermait un billet de banque de mille francs, et ces quelques lignes sans signature.

« Je n'entends pas que mon protégé reste plus longtemps dans un état de gêne incompatible avec le rang qu'il doit tenir dans le monde. Qu'il jouisse donc désormais de la vie sans préoccupation de l'avenir. »

A la lecture de ce billet anonyme, la fierté du jeune homme se révolta soudain ; n'était-ce pas une aumône qu'on prétendait lui faire.

Il se sentit profondément blessé qu'on ait pu le croire capable d'accepter un argent auquel il n'avait aucun droit, et il allait peut-être mettre en morceaux et jeter au vent ce maudit billet de banque qui semblait lui brûler les mains, quand il se souvint d'un conseil que lui avait donné son vieil ami de la terrasse. « Dans les affaires de ce monde ne brusquons jamais le dénouement ; agir à la légère, c'est presque toujours s'exposer à des regrets.

CHAPITRE XIII

Depuis son entrée dans les bureaux du ministère, de Nantrais n'avait jamais manqué d'aller une fois au moins par semaine rendre visite à son mentor.

C'est ainsi qu'il se plaisait à appeler l'excellent homme dont il avait fait la connaissance d'une façon si singulière.

La jeunesse est exposée parfois à des entraînements dont elle ne sait pas calculer les dangers et grâce aux bons conseils du vieillard, Edouard avait pu éviter jusqu'alors les écueils contre lesquels tant d'autres venaient journellement se briser. Il avait donc en lui la plus grande confiance, aussi, résolut-il d'aller lui demander son avis au sujet de la lettre qu'il venait de recevoir.

Il était encore de bonne heure. Certain de trouver son mentor à sa place habituelle, il s'empressa de courir aux Tuileries.

Quand le jeune homme arriva sur la terrasse, le vieillard venait de fermer son livre et se disposait à partir.

— Une minute plus tard, vous ne m'eussiez pas trouvé, dit-il, à Edouard, en lui tendant la main.

— Mais, Dieu merci, j'arrive à temps, car je tenais beaucoup à vous parler ce matin..... Tenez, ajouta-t-il, en lui montrant le billet de banque, voilà ce qu'on s'est permis de m'envoyer hier.

— Un billet de mille francs.

— Accompagné d'une lettre sans signature, aussi vous me voyez furieux........

— D'avoir reçu un si gracieux cadeau !

13.

vous prenez singulièrement les choses.

— Comment ! s'écria de Nantrais, vous ne partagez pas mon indignation !

— Nullement, répondit froidement le vieillard.

— Alors à ma place, demanda Edouard un peu déconcerté, vous accepteriez cet argent qui vient de je ne sais où.

— Il le faudrait bien, puisque je ne saurais à qui le rendre.

— Et vous n'éprouveriez aucune répugnance à vous l'approprier ?

— Aucune, je vous l'assure.

— C'est bien, reprit le jeune homme devenu depuis un moment pensif, vous venez de me tirer d'un grand embarras, je sais maintenant ce qu'il me reste à faire.

Et comme Edouard se disposait à prendre congé de son vieil ami.

— Vous ne me parlez plus, lui dit ce dernier, de cette grande soirée qui doit avoir lieu le mois prochain, je crois..... Chez madame de Richemont.

— Vous vous disposez, je suppose, à répondre à l'invitation de cette dame ; c'est une occasion pour faire votre entrée dans le monde, et vous auriez tort de ne pas en profiter, à votre âge, croyez-moi, on ne peut que gagner à fréquenter la bonne société ; avec le nom que vous portez, vous y avez naturellement votre place, et vous y nouerez des relations qui vous seront utiles plus tard.... quand le moment sera venu de choisir une compagne.

— Me marier... Oh ! jamais balbutia de Nantrais... Vous oubliez donc que je suis pauvre et que je ne saurais prétendre...

— Si vous restiez toujours surnuméraire, mais vous monterez en grade, je l'espère, et alors...

— En attendant il se fait tard, nous avons chacun nos affaires.. et il est temps de nous séparer... adieu donc et à bientôt, monsieur, le futur ambassadeur.

CHAPITRE XIV

Quand Edouard se trouva seul, il resta quelques instants perplexe, il interrogeait sa conscience et se demandait si maintenant qu'il était riche, il devait suivre le conseil de son mentor, ou s'abstenir courageusement d'assister à cette soirée dont mademoiselle de Richemont ferait les honneurs.

Du reste, son indécision ne fut pas de longue durée, car la vue du billet de banque qu'il tenait encore dans sa main ranima soudain sa colère. Il s'était juré de ne pas l'employer à son usage et en avait presque arrêté l'emploi dans sa tête, il résolut donc de s'en défaire sur-le-champ.

Deux heures plus tard, notre jeune homme sortait de l'asile des petits ménages situé à cette époque à l'entrée de la rue de Sèvres près de l'Abbaye-au-Bois; il venait de s'entendre avec l'économe de l'établissement, qui, dès ce jour, moyennant la somme de deux mille francs, dont moitié payée d'avance, tenait à la disposition de la veuve Kergonnou devenue pensionnaire de la maison, une chambre saine et commode, dont elle aurait la jouissance jusqu'à la fin de ses jours.

Depuis que de Nantrais avait confié à son camarade la raison qui l'empêchait d'aller dans le monde, Gustave par discrétion sans doute, s'était abstenu de toute allusion à la fête de sa sœur.

Il n'en fut pas de même le lendemain du jour où s'étaient passés les incidents que nous venons de raconter; car dès son arrivée au ministère il fut en butte à de nouvelles instances pour le décider à assister à la soirée de madame de Richemont.

— Je suis certain, lui dit son ami, que vous n'êtes pas aussi à court d'argent que vous prétendez l'être, car quelqu'un m'a assuré avoir vu hier entre vos mains un billet de mille francs.

— C'est vrai, répondit de Nantrais, mais cet argent, je ne l'ai plus.

— Et où a-t-il pu passer ?

— Je l'ai placé à gros intérêts.

Puis, comme s'il avait accompli l'action la plus simple, il raconta tranquillement à Gustave et l'origine du billet, et l'emploi qu'il avait jugé convenable d'en faire.

— Si vous aviez vu, dit-il, en terminant, la surprise de la pauvre vieille quand je lui ai annoncé qu'elle allait quitter sa mansarde pour venir habiter la rue de Sèvres où elle serait chez elle, j'ai cru qu'elle allait en mourir de joie.

— Vous avez agi noblement, ne put s'empêcher de lui dire son camarade ; cependant, peut-être, auriez-vous pu prélever sur la somme de quoi faire face à certaines dépenses... Comme par exemple remonter votre garde-robe.

— J'aurais rougi d'employer cet argent à mon usage répondit Edouard.... Ah ! s'il eût été le fruit de mon travail... mais hélas, je ne suis encore qu'un modeste surnuméraire, et les jouissances permises à ceux qui touchent de gros appointements, ne sont pas faites pour moi.

CHAPITRE XV

D'après ce dernier entretien, qui réduisait Gustave au silence, on pouvait tout naturellement considérer comme un fait accompli le sacrifice que s'imposait notre héros.

Comment donc peut-il se faire, qu'un mois plus tard, le lendemain de la fête de mademoiselle Séraphie de Richemont, nous retrouvions Édouard aux petits ménages racontant à la *mère aux écus*, qui l'écoutait en ouvrant de grands yeux, les splendeurs de la fête à laquelle il avait assisté la veille à l'hôtel de Richemont ?

Nous allons donner en quelques lignes l'explication de cet étrange revirement.

Deux jours après la conversation qu'il avait eue avec son collègue au sujet du fameux billet de banque employé tout entier à compléter la dot de la *mère aux écus*, Edouard fut appelé dans le cabinet du secrétaire général qui lui confia un travail important.

C'était la mise au net d'un long rapport adressé au ministre par la légation de Buénos-Ayres.

Ce document, auquel on attachait la plus grande importance, apporté par un navire qui avait fait naufrage en route, était gravement détérioré par l'eau de la mer, et il s'agissait de recomposer l'ensemble de ce manuscrit devenu presque indéchiffrable.

Edouard y apporta tous ses soins et s'en tira avec honneur. Aussi reçut-il du ministre, avec force compliments pour l'habileté dont il venait de faire preuve, une large rénumération.

On devine aisément le reste, le soir où eut

lieu la fête donné chez la mère de son ami, il se trouvait en mesure d'y assister et l'heureux jeune homme put s'assurer par lui-même que mademoiselle Séraphie, dont l'image était restée gravée dans sa mémoire, surpassait en beauté le portrait dont la vue l'avait si vivement impressionné quelques mois auparavant.

L'accueil qu'Edouard reçut à l'hôtel de Richemont avait été des plus flatteurs. Après avoir présenté son ami à la maîtresse de la maison, Gustave le conduisit auprès de sa sœur déjà entourée d'une foule de jeunes gens empressés d'offrir leurs hommages à la reine de la fête.

— Monsieur Édouard de Nantrais dont je t'ai souvent parlé, lui dit-il, je te prie, ma chère Séraphie, de le considérer dès aujourd'hui comme l'ami de la maison.

— Oh! bien volontiers, répondit la jeune fille, en adressant à de Nantrais un gracieux sourire, monsieur Édouard nous arrive précédé d'une réputation qui lui fait le plus grand honneur, et ajouta-t-elle, en lui tendant familièrement sa petite main. Ma mère et moi nous ne pouvons qu'être flattées de sa présence parmi nous.

Interdit, confus d'une réception si cordiale, Édouard, incliné devant la sœur de Gustave, venait d'effleurer respectueusement de ses lèvres, le bout des doigts roses qu'on lui avait abandonnés, lorsqu'un nouvel invité, un bel officier des gardes du corps de Monsieur, l'écartant assez cavalièrement, s'approcha à son tour de la jeune fille, et lui dit d'un ton qui frisait l'impertinence :

— Il parait que mademoiselle Séraphie distribue ce soir ses faveurs; serai-je assez heureux pour être admis au partage?

La sœur de Gustave feignit de ne pas entendre ou plutôt de ne pas comprendre l'indiscrète requête qu'on lui adressait, et l'officier dut se contenter d'une simple révérence; mais au froncement de ses sourcils, comme au pincement de ses lèvres, il fut facile de voir que son amour-propre venait de recevoir une rude atteinte.

Cependant ce premier échec n'était pas le seul qu'il dût éprouver ce soir-là.

Au moment de passer dans la galerie, où

le souper se trouvait servi, deux cavaliers offrirent en même temps leur bras à mademoiselle de Richemont.

Elle accepta sans hésitation celui de l'ami de son frère, et l'officier des gardes du corps de Monsieur, malgré son aplomb, ses airs vainqueurs et son riche uniforme, dut, à sa grande confusion, céder le pas au modeste employé du ministère.

Pendant le reste de l'hiver, Édouard fut très assidu aux réceptions intimes qui avaient lieu chaque semaine chez la mère de son ami, car il était toujours gracieusement accueilli à l'hôtel de Richemont, et son mentor des Tuileries qu'il continuait de voir de temps en temps, lui conseillait toujours d'entretenir avec soin une liaison qui devait faire diversion à la solitude à laquelle il était condamné.

Au surplus notre héros n'avait pas besoin d'être encouragé à fréquenter une aimable famille au milieu de laquelle il se trouvait si heureux.

CHAPITRE XVI

C'était donc entre l'hôtel de Richemont et l'asile des petits ménages que de Nantrais partageait maintenant le temps dont il pouvait disposer.

La *mère aux écus* devenue presque aveugle avait dû définitivement abandonner son aiguille, et, ne pouvant plus s'occuper, elle s'ennuyait à mourir, aussi, par bonté d'âme, Édouard venait chaque dimanche passer plusieurs heures auprès d'elle.

Il avait apporté aux petits ménages une boîte de couleurs, et pendant que la bonne vieille, assise à côté de lui dans un grand fauteuil, racontait tous les petits cancans qu'elle avait pu recueillir le long de la semaine, il s'occupait à peindre tout en ayant l'air d'apporter la plus grande attention à son innocent bavardage.

— Ce doit être bien joli ce que vous peinturlurez là, lui dit-elle un jour qu'il paraissait entièrement absorbé par son travail, et c'est grand dommage que mes pauvres yeux me servent maintenant si mal… Car j'ai beau chercher à voir, je ne distingue rien… Cependant je crois que c'est une figure !

— En effet, répondit le jeune homme, en refermant brusquement son carton, c'est une figure.

— D'homme ou de femme ?

— C'est… le portrait de ma mère… dont je cherche à reproduire les traits de mémoire.

Si la *mère aux écus* n'avait pas eu la vue si basse, elle eût bien vite deviné à la rougeur qui montait aux joues d'Édouard, qu'il n'avait pas dit la vérité.

Mais si la veuve Kergonnou avait de mauvais yeux, elle possédait de bonnes oreilles, et en l'entendant chaque jour pousser de gros soupirs et parler avec enthousiasme de mademoiselle de Richemont dont il vantait à tout propos l'esprit et les grâces, elle avait compris ce qui se passait dans son cœur et en attendant qu'il se décidât à lui confier son secret et à la prendre pour confidente, elle se contentait de faire intérieurement des vœux pour son bonheur.

De Nantrais avait conçu pour la sœur de son ami l'affection la plus vive, la plus sincère, mais malgré la pureté de ses sentiments l'honnête garçon se serait bien gardé de confier à personne, ce qu'il n'osait s'avouer à lui-même, et il fallut une circonstance imprévue pour le forcer à se trahir.

Cependant, un protecteur inconnu continuait à s'occuper de son avenir ; il avait été nommé successivement attaché, puis sous-secrétaire d'Ambassade et de plus, les travaux qu'on lui confiait journellement par ordre du ministre lui avaient donné dans les bureaux une certaine importance, aussi son camarade Raimbaut persistait-il à affirmer qu'il devait à son nom seul les faveurs exceptionnelles dont il était l'objet.

Édouard, ne se faisait pas d'illusion, il comprenait fort bien qu'il ne devait son avancement qu'à une influence étrangère et cette situation froissait son amour-propre ; il aurait voulu ne devoir qu'à lui-même, ce que sa modestie ne lui permettait pas de considérer comme un droit.

Un jour, Raimbaut eut la fantaisie d'inviter à diner les divers employés de sa division.

A l'exception de Gustave, qui avait un engagement antérieur, ils acceptèrent tous, et à la sortie du ministère, ils se rendirent en corps à la table d'hôte ou Raimbaut avait l'habitude de prendre ses repas et où se trouvaient déja réunis plusieurs jeunes gens, habitués comme lui, de la maison.

On se mit gaiement à table ; pendant la première partie du repas tout s'était passé convenablement et la plus franche cordialité régnait parmi les convives, tous gens bien élevés d'ailleurs.

Mais peu à peu les têtes s'échauffèrent, car

l'amphytrion avait tenu à bien faire les choses et le nombre des bouteilles dont on faisait sauter les bouchons augmentait à chaque service, si bien qu'au dessert, les conversations étaient devenues tellement bruyantes qu'il n'y avait plus moyen de s'entendre.

Raimbaut qui présidait le repas ayant réclamé un moment de silence demanda à porter un toast à son camarade de Richemont dont il regrettait l'absence.

La proposition fut accueillie par d'unanimes bravos.

Il se disposait donc à prononcer la phrase sacramentelle, quand un des assistants lui coupa la parole ; il s'était levé de table et tenait haut une coupe remplie de vin de champagne.

—Je bois, dit-il, d'une voix fortement accentuée, à la santé de notre ami Gustave de Richemont, et en même temps, à la santé de son adorable sœur, mais, ajouta-t-il en jetant sur Edouard placé en face de lui, un regard moqueur, si charmante que soit cette noble demoiselle, je plains ceux qui lui feront la cour car....*c'est une franche coquette.*

— Vous en avez menti..., s'écria de Nantrais, pâle de colère et incapable de se contenir.

— Un démenti vaut un soufflet, riposta celui qui venait d'insulter la sœur de Gustave, tenez-vous donc pour l'avoir reçu de ma main.

Joignant en même temps l'action à la parole, il lança le contenu de sa coupe au visage du jeune homme.

Il serait difficile de décrire la confusion que ce regrettable incident produisit dans l'assemblée; les convives avaient quitté leurs places, ils gesticulaient et parlaient tous à la fois.

Les uns cherchaient à retenir Édouard prêt à escalader la table pour se précipiter sur son adversaire, et les autres s'efforçaient d'entraîner hors de la salle l'auteur du tumulte.

Bref, cette soirée si bien commencée, se termina par une déroute générale, chacun partit de son côté, mais vu l'exaspération dans laquelle se trouvait le généreux défenseur de mademoiselle de Richemont, Raimbaut se chargea de le reconduire rue des Grés.

Le personnage qui avait causé la scène scandaleuse dont nous venons de parler, n'était autre que l'officier des gardes du corps que nous avons déjà rencontré chez madame de Richemont.

Si de Nantrais ne l'avait pas reconnu tout d'abord, c'est que cette fois il ne portait pas d'uniforme.

On doit se rappeler le peu de succès qu'il obtint un soir près de celle qui avait si bien accueilli l'ami de son frère.

L'occasion de se venger venant à se présenter, il s'était empressé de la saisir.

Une rencontre entre les deux jeunes gens paraissait inévitable, cependant elle ne devait pas avoir lieu.

Le lendemain, à l'heure où l'on pouvait les supposer sur le terrain, l'un se trouvait prisonnier dans sa chambre, à la caserne du quai d'Orsay, l'autre courait en chaise de poste sur la route de Madrid.

L'officier des gardes devait par ordre de son capitaine et sous prétexte d'une infraction à la discipline, garder pendant un mois les arrêts forcés.

Le sous-secrétaire d'ambassade avait reçu l'ordre de partir immédiatement pour l'Espagne, et la mission dont on l'avait chargé, était d'une telle importance, qu'il n'avait eu qu'une heure à peine pour faire ses préparatifs de départ.

Que s'était-t-il donc passé pendant la nuit ?

Nous allons le dire en deux mots.

Le préfet de police prévenu dans la soirée qu'à l'occasion d'un duel qui aurait probablement lieu le lendemain, le nom de mademoiselle de Richemont, parente du ministre de l'intérieur, avait été prononcé, crut devoir informer son Excellence de ce qui s'était passé, et il lui donna, en même temps, les noms des deux jeunes gens signalés dans le rapport.

Il n'y avait qu'un seul moyen d'empêcher l'affaire d'aller plus loin, c'était de mettre les adversaires dans l'impossibilité de se rencontrer.

Il suffit, pour obtenir ce résultat, de deux notes confidentielles, qu'une estafette partie à fond de train de la rue de Grenelle, alla porter d'urgence, l'une à la Guerre, l'autre aux Affaires étrangères.

On a vu plus haut que les ministres de cette époque savaient se rendre entre eux de petits services.

Une correspondance entre Edouard et Gustave devait amener quelques jours plus tard le dénouement de notre histoire, mais avant d'en donner connaissance au lecteur, nous avons à lui raconter l'incident quelque peu romanesque, qui vint fort à popos dévoiler un secret d'où dépendait le bonheur de deux intéressants personnages.

Depuis quelque temps déjà, la santé de la *mère aux écus* donnait des inquiétudes à de Nantrais, et il lui faisait de plus fréquentes visites.

N'ayant pu la voir avant son départ, et craignant avec raison que son absence, dont elle ne s'expliquerait pas la cause, ne la rendît plus malade, il avait en partant, laissé sur son bureau quelques lignes pour Gustave.

Il le priait d'aller le plus tôt possible jusqu'à la rue de Sèvres, pour rassurer la pauvre vieille, veiller à ce qu'elle fût bien soignée, et ne manquât de rien.

Nous avons oublié de dire qu'elle était maintenant complétement aveugle.

Conformément au désir de son ami, Gustave se rendit dès le lendemain aux Petits Ménages et fit connaissance avec la veuve Kergonnou, qu'il trouva ce jour-là fort souffrante.

De peur de la fatiguer, il ne resta avec elle que quelques instants et il lui promit en la quittant de revenir bientôt lui donner des nouvelles du voyageur ; mais quand, en rentrant à l'hôtel, il apprit à sa mère la commission dont l'avait chargé de Nantrais, sa visite à sa protégée et l'intention où il était de la revoir, madame de Richemont lui fit observer qu'en cas de maladie sérieuse, il serait plus convenable de se faire remplacer par une femme et elle offrit d'aller elle-même, faire une visite à la *mère aux écus*.

Le jour où elle se rendit avec sa fille aux Petits Ménages, la malade allait beaucoup mieux, mais elle paraissait dans une grande perplexité.

Voici à quelle occasion.

Un mois environ avant son départ précipité pour Madrid, de Nantrais avait commandé à un joaillier du Palais Royal un médaillon destiné à renfermer le portrait de sa mère. Au lieu de se faire livrer ce bijou, soit à son ministère, soit à son domicile de la rue des Grés; il avait donné son adresse chez la veuve Kergonnou aux Petits Ménages.

On venait d'apporter à l'instant l'objet en question et elle ne savait comment s'y prendre pour le lui faire parvenir.

— Il était si pressé de le posséder, disait-elle.

Mademoiselle de Richemont, qui depuis son arrivée, s'était tenue silencieusement à l'écart, prit alors la parole.

Elle savait, par son frère, qu'un courrier du Cabinet était sur le point de partir pour l'Espagne, et elle pensait qu'il serait facile de joindre aux dépêches destinées à l'ambassade de Madrid le bijou auquel on paraissait tant tenir.

— Mais, Madame, dit à ce moment l'aveugle, en tendant le médaillon à la mère de Gustave, vous n'êtes pas venue seule... j'entends la voix d'une seconde personne.

— Celle de ma fille.

— Mademoiselle Séraphie.

— Vous savez mon nom? dit à son tour la jeune personne.

— Et je sais même autre chose, reprit d'un air malin la *mère aux écus*.

— Quoi donc, je vous prie?

— Hé bien... je sais que vous êtes belle comme un ange... mes pauvres yeux ne peuvent plus me servir, mais je vous ai vue par les yeux d'un autre, ceux d'un digne jeune homme qui, j'en suis certaine, rendra bien heureuse celle qui deviendra sa femme.

La bonne vieille allait peut-être en dire davantage, quand madame de Richemont jugea à propos de rompre brusquement l'entretien.

Après avoir pris congé de la protégée d'Édouard, la mère et la fille reprirent le chemin de leur hôtel ; mais pendant le trajet de la rue de Sèvres à la rue de Varenne, ils n'échangèrent pas un mot..

Il était facile de voir que les dernières paroles de la veuve Kergonnou, les préoccupaient singulièrement l'une et l'autre.

En rentrant chez elle, madame de Richemont avait déposé sur la table du salon le médaillon qu'il s'agissait de faire parvenir à de Nantrais.

Consulté à ce sujet, Gustave approuva l'idée de sa sœur. Seulement il y avait quelques précautions à prendre pour que l'objet en question arrivât à destination en bon état.

On se procura donc une petite boîte qu'on garnit de coton, et on se préparait à y enfermer le médaillon, quand Gustave eut la curiosité de jeter les yeux sur la miniature qu'il contenait.

C'était le portrait d'une personne qui lui était inconnue, mais à sa ressemblance avec Édouard on ne pouvait douter que ce ne fût sa mère.

Madame de Richemont et sa fille s'étaient penchées pour admirer la perfection de la peinture, quand Gustave ayant pressé, sans le vouloir, un bouton presque imperceptible, fit ouvrir tout à coup le double fond du médaillon qui renfermait une seconde figure de femme.

— Mon portrait!!! s'écria la jeune fille devenue rouge comme une cerise.

— Le portrait de Séraphie! dit en même temps madame de Richemont, moins surprise qu'on n'aurait pu s'y attendre, car un soupçon lui avait déjà traversé l'esprit dans la journée, et ce qu'elle venait de voir ne faisait que le confirmer.

Cependant Gustave riait de tout son cœur ; — hé bien là franchement, finit-il par dire à sa mère, je m'étais douté de la chose et, je serais enchanté d'avoir pour beau-frère un aussi aimable garçon qu'Édouard de Nantrais

Et pour prouver que son ami était digne d'entrer dans la famille, il se mit à raconter l'histoire de la table d'hôte, tenue jusque là secrète.

En apprenant que notre héros avait pris ouvertement sa défense, mademoiselle de Richemont se jeta en pleurant dans les bras de sa mère, mais les larmes qu'elle laissait échapper étaient des larmes de reconnaissance et la reconnaissance en pareil cas, ressemble beaucoup à un sentiment plus tendre.

Mademoiselle de Richemont ne dépendait pas seulement de sa mère, mais encore de son tuteur, M. de V. alors ministre de l'Intérieur ; quoique parent éloigné des de Richemont, M. de V. avait pour eux l'affection la plus vive ; n'ayant jamais voulu se marier, il avait presque adopté le frère et la sœur.

Il voyait donc souvent Gustave, qu'il aimait à faire causer, et par lui, il était au courant de tout ce qui se passait dans les bureaux du ministère des affaires étrangères.

Comme on se serait bien gardé dans la famille, de prendre, sans le consulter, la moindre détermination, il fut tout naturellement consulté au sujet des probabilités d'un futur mariage entre sa pupille et celui dont on pensait avoir deviné les secrets désirs.

Non seulement, M. de V. approuva ces projets, mais il déclara, sans vouloir toutefois s'expliquer plus clairement, que cette union comblerait le plus cher de ses vœux.

Gustave fut donc chargé de négocier prudemment cette délicate affaire, et il cherchait dans sa tête comment il s'y prendrait pour obliger son ami à rompre le silence dans lequel il s'était renfermé jusque là, quand une lettre, arrivant de Madrid, rendit sa tâche assez facile.

Madrid, 14 Juillet 1820

Mon cher ami,

« C'est à peine si j'ose vous écrire, car la réflexion m'a fait comprendre l'énormité de ma faute.

« Si je m'étais contenté d'aimer en secret, je pourrais encore marcher la tête haute et me bercer des mêmes rêves qui ont fait si longtemps mon bonheur ; mais aujourd'hui que je me suis rendu indigne des bontés dont m'honorait votre famille je n'ai plus rien à espérer sur la terre.

« Quant à l'honorable mission qui m'a été confiée, je la dois sans doute à l'homme généreux, qui sans vouloir se faire connaître, s'est constamment occupé de moi. Il a craint pour mes jours, et il n'a pas voulu m'exposer aux chances d'une rencontre qui pouvait m'être fatale.

« Cependant, je vous le déclare ici, je ne me serais pas battu, car mes principes m'interdisent le duel, et je maintiens, de par la religion, la loi, la morale et le simple bon sens, que le duel est non seulement une absurdité, mais encore un acte barbare et impie.

« Hélas ! pourquoi n'ai-je pas compris qu'en relevant aussi maladroitement un propos qui ne pouvait porter en rien atteinte à la réputation de votre sœur, je la compromettais aux yeux du monde toujours disposé à mal interpréter les intentions les plus honnêtes.

« Aujourd'hui, j'expie cruellement la faute que j'ai commise, et je souffre d'autant plus qu'il n'est pas en mon pouvoir de la réparer. »

Gustave, après avoir consulté sa mère et monsieur de V., le tuteur de sa sœur, répondit à Edouard en ces termes :

Paris le 18 juillet 1820

Mon cher Camarade,

« Le hasard m'a fait rencontrer hier le mystérieux personnage qui donne ses rendez-vous sur la terrasse des Tuileries.

« Sachant tout l'intérêt qu'il vous porte, j'ai cru devoir lui communiquer votre lettre; et voici la réponse que votre mentor m'a conseillé de vous faire.

« Il est toujours temps de réparer ses fautes, et quand un galant homme, a sans le vouloir, compromis une honnête femme ; il n'a qu'un parti à prendre.... C'est, si elle est libre, de demander sa main......

« Monsieur de V. notre parent est également de cet avis, et dans le cas où vous vous déciderez à offrir à ma sœur la réparation que vous lui devez, je suis prêt à vous servir d'intermédiaire.

« Envoyez-moi, dans ce cas, votre procuration, je ferai en sorte que vous soyez bientôt de la famille, et comme je ne prévois aucun obstacle, je signe d'avance. »

Votre affectionné beau-frère.

P. S. J'allais oublier de vous dire que vous venez d'être nommé premier secrétaire d'Ambassade, ça sera un joli titre à mettre sur vos billets de faire-part.

Quelques jours plus tard, l'heureux jeune homme était de retour à Paris, mais qu'on juge de sa surprise, quand on le présenta au tuteur de sa future, de reconnaître dans l'éminent personnage, dont il allait devenir le parent..... le vieillard de la terrasse du bord de l'eau.

— Je m'appelais autre fois Henri Hamelin lui dit en souriant l'ex-avocat, devenu ministre et comte de V.

« C'est à moi, que dans sa lettre, madame votre mère vous conseillait de vous adresser si vous aviez besoin d'un protecteur, je craignais en me faisant connaître trop tôt de vous voir refuser mes services, et je tenais à vous obliger malgré vous, car... *j'ai la mémoire du cœur.* »

FIN DE LA MÉMOIRE DU CŒUR.

TABLE DES MATIÈRES

	Pages
Souvenirs d'un voyage en Basse Normandie. (*Introduction aux mémoires d'un proscrit*)..	3
Mémoires d'un proscrit............................	23
Suite des souvenirs d'un voyage en Basse Normandie...................................	155
La mémoire du cœur.........................	177

www.ingramcontent.com/pod-product-compliance
Lightning Source LLC
Chambersburg PA
CBHW070629170426
43200CB00010B/1961